Johann Joachim Winckelmann

Johann Winckelmanns Sendschreiben von den Herculanischen Entdeckungen

An den hochgebohrnen Herrn, Herrn Heinrich Reichsgrafen von Brühl

Johann Joachim Winckelmann

Johann Winckelmanns Sendschreiben von den Herculanischen Entdeckungen
An den hochgebohrnen Herrn, Herrn Heinrich Reichsgrafen von Brühl

ISBN/EAN: 9783743434844

Hergestellt in Europa, USA, Kanada, Australien, Japan

Manufactured and distributed by brebook publishing software
(www.brebook.com)

Johann Joachim Winckelmann

Johann Winckelmanns Sendschreiben von den Herculanischen Entdeckungen

Johann Winckelmanns

Sendschreiben

von den

Herculanischen Entdeckungen.

An den

Hochgebohrnen Herrn,

Herrn

Heinrich Reichsgrafen von Brühl,

Starosten von Bolimow, Rittern des hierosolymitanischen Ordens von Malthe,

Sr. Königl. Majest. in Pohlen und Churfürstl. Durchl. zu Sachsen hochbestallten Cammerherrn u. u.

Dresden 1762,
Verlegts George Conrad Walther,
Königlicher Hof-Buchhändler.

Sendschreiben
von den
herculanischen Entdeckungen.

Hochgebohrner Graf,

Da ich das Vergnügen hatte, Sie auf Ihrer Reise, im Carnevale 1762, von Rom nach Neapel zu begleiten, entschloß ich mich, von den Seltenheiten, welche Sie in dem Königlichen Museo zu Portici sahen, etwas aufzusetzen, um Sie an das merk-

 würdigste

allerwichtigste wiederum zu erinnern, und zugleich zum Unterrichte für andere Reisende, die in einem kurzen Aufenthalte befindlich, nicht alles mit völliger Aufmerksamkeit betrachten können.

Ich habe mehr, als andere, so wohl Fremde, als Einheimische, Gelegenheit gehabt, die Schätze des Alterthums zu untersuchen, da ich auf meiner ersten Reise mich fast zween Monate in Portici selbst aufgehalten, und vermöge eines ergangenen Königlichen Befehls, mir alles zu zeigen, was zu sehen erlaubt ist, und in der möglichsten Bequemlichkeit dazu, habe ich diesen freyen Zutritt nach Vermögen genutzet, so daß ich ganze Tage in dem Museo zubrachte. Sie wissen, Hochgebohrner Graf, daß während meines Aufenthalts von drey Wochen in Neapel, nicht leicht ein Tag vorbeygegangen, wo ich nicht in aller Frühe nach Portici gefahren bin. Außerdem verschaffete mir die genaue Freundschaft mit Herrn Camillo Paderni, dem Aufseher dieses Musei, eine hinlängliche Bequemlichkeit, alles nach meinem Wunsche zu betrachten, und ich bin daselbst wie in meinem Eigenthume.

Ich bin versichert, Hochgebohrner Graf, Ihre angebohrne Gütigkeit werde dieses an Sie gerichtete Sendschreiben mit eben dem Wohlgefallen, welches Sie sich dessen Verfasser zu bezeugen würdigten, annehmen. In dieser Zuversicht bin ich über die gewöhnlichen Grenzen eines Sendschreibens hinausgegangen; auch weil ich mir schmeichle, das Publicum, wenn es hier unbekannte und wichtige Nachrichten finden wird, werde Ihnen verbunden seyn, weil Sie Gelegenheit dazu gegeben haben.

In ein umständliches Verzeichniß aber kann ich mich nicht einlassen, sondern begnüge mich, das Merkwürdigste anzuzeigen, und lasse auch von diesem zurück, was ich über die herrlichen alten Gemählde und Statuen in meiner Geschichte der Kunst des Alterthums, die itzo unter der Presse ist, angebracht habe. Ich werde zugleich ein Werk Herrn Jacob Martorelli, Professors der griechischen Sprache an dem Seminario der Cathedralkirche zu Neapel, unter dem Titel: DE REGIA THECA CALAMARIA anführen. Dieser in der griechischen Sprache gründ-

lich

lich gelehrter Mann erhielt die Erlaubniß, über ein altes Dintenfaß von Erzt, in dem Museo zu Portici befindlich, (welches aber nicht in den entdeckten Städten, sondern anderwärts, gefunden ist) zu schreiben. Es sind auf den acht Ecken desselben eben so viel Götter von eingelegter Arbeit in Silber, welche der Verfasser vor Planeten annimt, und da er diese öffentliche Gelegenheit ergrif, seine ganze Wissenschaft zu zeigen, so öffneten ihm die Götter ein weites Feld, in der Mythologie und in der alten Sternwissenschaft auszuschweifen. Er schüttet zugleich aus, was man über Dinte, Federn, Schreibzeug und über Schreiber der Alten nur immer sagen kann. Da er aber den Canonicus Mazocchi, einen Mann von mehr als achtzig Jahren, welcher die Zierde der Gelehrsamkeit in Italien ist, heftig, unzeitig und oft auf eine unanständige Art tadelt und angreift, wurde die Bekanntmachung dieses Werkes, da der letzte Bogen schon gedruckt worden, untersagt, und es ist auch dem Verfasser aufgelegt, es niemanden außer seiner Wohnung zu geben. Mir ist es aber dennoch gelungen, dieses Werk durchzulesen, und ich werde gelegentlich über dasselbe meine Anmerkungen und Verbesserungen beybringen. Es bestehet dasselbe aus 734 Seiten, und die Vorrede, die Zusätze und drey weitläuftige Register betragen 88 Seiten, in groß Quart.

Vorläufig werde ich erstlich von den durch den Vesuvius verschütteten Orten, zweytens von der Verschüttung selbst, zum dritten von der Entdeckung und von der Art derselben reden, und in dem letzten Stücke werde ich über die Entdeckungen selbst meine Bemerkungen mittheilen.

Von den durch den Vesuvius verschütteten Orten, Herculaneum, Pompeji und Stabia ist vorher die Lage derselben anzuzeigen, und besonders in so ferne Berichtigungen der Scribenten anzumerken und Verbesserungen zu geben sind, wer mehr zu wissen verlanget, kann es in bekannten Schriften finden.

Herculaneum, sagt Strabo, lag auf einer Erdzunge, welche sich ins Meer erstreckete, und dem Winde aus Africa (Scirocco) ausgesetzet war: so verstehe ich das Wort ἄκρα, welches hier so wenig, als da, wo es von den drey Spitzen der Insel Sicilien gebraucht wird, ein Vorgebirge bedeuten kann. In dem wahren Verstande dieses Worts haben so wohl alte als neue Scribenten gefehlet, wegen Unwissenheit der Lage der Orte, und Cluverius zeiget unter andern diesen Mißverstand in alten Dichtern, welche von den drey Sicilianischen Spitzen reden, und dieselbe als Vorgebirge beschreiben. Das Ufer ist bey Reggio in Calabrien so platt, als gegenüber in Sicilien, wo Pelorus lag, und die Gebirge erheben sich allererst etliche Meilen weit vom Ufer. Das Wort ἄκρα ist also, was wir ein Capo nennen. So heißt Capo d' Anzo, wo ehemals das alte Antium stand, welches kein Vorgebirge, sondern ein plattes Ufer ist und war. Das Circeische Vorgebirge aber zwischen gedachtem Orte und Terracina, welches ein hoher Felsen ist, heißt nicht Capo, sondern Monte Circello.

Zu dieser Anmerkung und Erklärung veranlasset mich der Zweifel gedachten Neapolitanischen Gelehrten über den Strabo. Dieser, welcher das Wort ἄκρα in seiner gewöhnlichen Bedeutung eines Vorgebirges nimmt, will im Text des Strabo eine Schwierigkeit finden, weil das alte Herculaneum auf keinem Vorgebirge kann gelegen seyn, und er nimmt sich die Freyheit, anstatt ἄκραν zu lesen παραλίαν. Er übersetzet also Oppidum παραλίαν ἔχον, oppidum in ipso litore longe producto situm, und nimmt das Wort παραλία absolute und substantive, wider allen Gebrauch desselben, und ohne diese Freyheit mit einer einzigen Stelle zu unterstützen; ja er bricht kurz ab, und sagt, daß diese Art zu reden den Anfängern in der Sprache bekannt sey. Ich bin etwas mehr, als ein Anfänger in derselben, kann mich aber dergleichen Gebrauch des Wortes παραλία nicht entsinnen.

Das Ufer, auf welchem das alte Herculaneum gebauet war, erstreckete sich als eine Erdzunge ins Meer; das ist, es war ein Capo. Dieses ist die Meynung des Strabo, und er will von keinem Vorgebir-

ge

zu reden. Es zeigen dieses auch izo die Augenschein: denn Portici und Resina, welche oben auf der verschütteten Stadt Herculanum gebauet sind, liegen beynahe in gleicher Höhe mit dem Meere, welches ein flaches und sandigtes Ufer hat. Folglich kann das alte Herculanum nur sehr wenige eine erhabene Lage gehabt haben, sonderlich wenn man bedenket, wie tief diese Stadt unter dem Erdboden ist. Das Theater derselben ist über hundert Palmen tief, und man gelanget in dasselbe auf eben so viel Stufen, welche zur Bequemlichkeit von den Arbeitern gehauen sind. Das Paviment oder der schöne Fußboden, womit das zweyte Zimmer des herculanischen Musei ausgezieret ist, wurde von neunzig Palmen tief unter der Erde gefunden, und es war dasselbe in einer offenen Loggia auf einer Art von Bastion geleget, welche wenigstens 25 Palmen über das Gestade des Meeres erhöhet war.

Hieraus folget, daß das Meer sehr viel höher müsse geworden seyn; welches dem ersten Anblicke eine seltsame Meynung scheinet, hier aber und auch in Holland durch den handgreiflichen Augenschein bestätiget wird. Denn in Holland ist das Meer offenbar höher, als das Land, welches die Nothwendigkeit der Dämme beweiset: es muß aber das Meer ehemals nicht so hoch gewesen seyn, weil diese Provinz zu der Zeit, da dem Meere noch keine Grenzen durch Deichschleusen gesetzt waren, nicht hätte können angebauet werden. Dem Einwurfe, welchen jemand machen könnte, daß vielleicht das alte Herculanum im Erdbeben gesunken sey, scheinet die ordentliche Lage der Gebäude zu widersprechen, und es wird damals, als das Unglück diese Stadt betraf, von keinem so heftigen Erdbeben gemeldet, daß es eine ganze Stadt verschlingen können. Und wenn dieses anzunehmen wäre, würde es vor dem Ausbruche des Berges geschehen seyn, und es hätte also die Asche dieselben nicht bedecken können: denn das Erdbeben geht nur vor dem Ausbruche vorher, und folget niemals auf denselben.

Von einem hohen Wachsthume und Fülle des Meeres finden sich deutliche Beweise an den Säulen im Hofe des Tempels des [illegible],

andere

andere wollen, des Serapis zu Pozzuolo. Dieses Gebäude liegt auf einer ziemlichen Anhöhe, einige funfzig Schritte vom Meere, muß aber ehemals völlig vom Wasser überschwemmet gewesen seyn: denn die Säulen nicht allein, welche liegen, sondern auch welche noch stehen, sind von einer länglichen Seemuschel durchbohret und durchlöchert. Dieses ist sonderlich an Säulen von dem schönsten Aegyptischen Granite erstaunend zu sehen, welche wie ein Sieb durchgearbeitet sind; in vielen Löchern stecken noch die Schalen. Die Muschel heißt Dactylus von δάκτυλος, der Finger, weil sie die Gestalt, die Dicke und Länge desselben hat. Ehe dieselben den Stein haben angreifen können, ist vermuthlich zu setzen, daß diese Säulen geraume Zeit vom Wasser unterwaschen worden, um ihnen einen Weg zu machen, sich hinein zu legen. Diese Muschel setzet sich, wenn sie ganz jung ist, mit ihrer Schale, in eine Oeffnung des Steines, befindet sich daselbst mit der Schale, und bohret sich mit derselben, durch Hülfe des Wassers, welches die Säulen schlüpfrig macht, unvermerklich tiefer, wächst und nimmt zu, und fähret fort zu bohren, und endlich, wenn dieselbe zu ihrer völligen Größe gelanget ist, findet sie den Ausgang für sich mit sammt der Schale zu enge, und muß also in ihrer Wohnung bleiben. In die Löcher von verschiedener Größe kann man einen von den fünf Fingern stecken, und sie sind so glatt ausgebohret, als kaum mit Stahl und Eisen hätte geschehen können. Ferner ist daselbst der mit Marmor gepflasterte Platz vor dem Tempel annoch hier und da voller Triebsand, welchen das Meer hinein geschleppet hat. Itzo und so lange man denken kann, ist dieser Ort, wie ich gesagt habe, weit und erhöhet von dem Meere entfernet; folglich ist das Meer nachdem zurückgefallen. Die Art und Möglichkeit dieser unstreitigen Erfahrung mögen andere untersuchen; ich bleibe bey der bloßen Erzählung und bey der Wahrheit des Augenscheins.

In der Gegend des Städtchens vom herculanischen Grunde und dem Meere Spiegel, welches etwa ein Dorf, oder ein Flecken, Borgo oder ein Castel heißen würde, scheinen, daß dieser Ort sehr klein gewesen, welches

der

der glücklichen Entdeckung, die das Gegentheil zeiget, zu widersprechen scheinet: eben dieses Wort aber gebrauchet Diodorus von Catana, welches eine bekannte große Stadt war. Einen sicherern Beweis der Größe und der volkreichen Bewohnung des Herculanei geben verschiedene Trink- und Speisesäle daselbst, oder Schenken, wie wir es nennen würden, wovon sich eine Pachtankündigung in einer Inschrift erhalten, welche im vierten Stücke dieses Sendschreibens gegeben wird. Diesen Ort nun, welcher bey den ausgesuchten alten Scribenten Herculaneum heißt, nennet Petronius Heraclis porticum c. 106. und daher kommt der heutige Name Portici.

Den eigentlichen Ort, wo das alte Herculaneum gestanden und zu suchen gewesen, hat vor dessen Entdeckung niemand anzeigen können. Der in der Geschichte und in der Landbeschreibung dieser Gegend sehr erfahrne Neapolitanische Gelehrte Camillo Pellegrini a) setzet es, wo itzo Torre del Greco ist, und also zwo Meilen weiter, auf der Straße nach Salerno und Pompeji; er führet eine unbestimmte Sage von Inschriften diese Stadt betreffend an, welche daselbst gefunden seyn sollen, und schließt nur aus diesen Sagen, daß ihre Lage gewiß und ausgemacht sey.

Es verdienet auch der Name der Stadt Resina einige Anmerkung. Dieser Ort hänget mit Portici zusammen, und das Königliche Schloß macht die Scheidung zwischen beyden, so daß der Ort gegen Neapel zu, Portici heißt, und was auf der andern Seite liegt, Resina begreift. Einige sind der Meynung, daß der Name Resina von der Villa Retina geblieben sey, von welcher der jüngere Plinius in demjenigen Briefe redet, wo er den Ausbruch des Vesuvius beschreibt, und von seines Vetters Tode Nachricht giebt. Diese Villa aber setzen die mehresten unter dem Vorgebirge Misenum, weil gedachter Brief sagt, daß die Römische Flotte, welche in dem Hafen bey Misenum zu liegen pflegte,

a) Dis. della Campan. Felic. p. [illegible]

pflegen, an der Villa Pollion vor Anker lag, da der Ausbruch kam. Ich aber kann mir keine Villa vorstellen, die unter einem Vorgebürge liegen könne. Gedachte Villa lag unter dem Pausilypo, wie Plinius nicht undeutlich angiebt. Es hätte auch beym Misenum, welches an zwölf Italiänische Meilen von dem Vesuvius entfernet ist, die Gefahr auf den Schiffen und die Furcht so groß nicht seyn können, als sie beschrieben wird, da nicht gemeldet ist, daß Neapel, Puzzoli, Cuma und Baja, welche Orte zwischen dem Vesuvio und Misenum liegen, in diesem heftigen Zufalle gelitten.

Herr Martorelli, welcher auch diesen Punct in seinem Königlichen Dintenfaße (p. 568.) untersuchet, begnüget sich nicht mit der Herleitung des Namens Resina von Retina, und suchet ohne Noth eine Verbesserung zu machen. Er glaubt, man könne und müsse Paeciana lesen, das ist, Villa Paeciana, welche er an diesem Orte ohnweit Herculanum setzet. Papirius Paetus ein Freund des Cicero, hatte in dieser Gegend eine Villa; dieses ist gewiß aus ein paar Briefen des letzteren 1). Dieser Paetus verlohr seine Güter, weil er von der Parteÿ des Pompejus war, in welchem Verluste vermuthlich dessen Villa mit begriffen gewesen, so daß also, nach gewöhnlicher [illegible] Regierung diese vom Cäsar eingezogene Villa unter seinen Nachfolgern, wie wir zu reden pflegen, ein Kaiserliches Cammer Guth geworden, wo nachher und zu der Zeit, von welcher die Rede ist, einige Schiffe von der Misenischen Flotte zu liegen pflegen. Diese Muthmaßung ist so sehr weit eben nicht gesucht; aber sie ist nicht [illegible].

Pompeji liegt an der Straße nach Salerno, und der Ort, wo diese Stadt ehemals stand, ist etwa zwölf Meilen von Neapel und sieben von Portici; der Weg dahin gehet über Torre dell' Annunziata. Es irret also Herr Reimarus in seinen Anmerkungen über den Dio Cassius 2) in

1) Ad div. L. [illegible]
2) p. [illegible]

in der Lage von Pompeji, die er zwischen Scafati und Torre del Greco angiebt, als welche Oerter nur zwo Italiänische Meilen von einander entfernet sind; und er vergisset sich von neuem, wenn er eben daselbst saget, daß diese Stadt gelegen, wo itzo Castellamare und Stabia liegen, welches er vermuthlich anders ¹) gesetzet ist. Man kann sich in einer richtigen Charte besser belehren. Lächerlich ist die Herleitung des Namens Pompeji, welchen Martorelli als ganz natürlich aus dem Hebräischen erzwingen will, von פום סלת os farinae ²) so wie Herculaneum von הרה אור praegnans igne soll benennet seyn. Stabia soll von שפע abundare den Namen haben, und der Vesuvius von בזע בו, ubi ignis, so wie Aetna ein Ofen im Hebräischen heißt, welches Wort (אתונא) oft beym Daniel vorkommt. Viele Gelehrten suchen etwas neues zu sagen, auch mit Nachtheil der Meynung von einem gesunden Urtheile.

Diese Stadt war der gemeinschaftliche Hafen von Nola, Nocera und Acerra, wie Strabo sagt, und die Waaren wurden aus dem Meere auf dem Flusse Sarno hingebracht. Es ist also daraus nicht zu begreifen, wie Pellegrini berichtet ist, daß Pompeji am Meere und an der Mündung dieses Flusses selbst gelegen gewesen: er will es dem Vesuvius zuschreiben, daß die Spuren von derselben itzo weiter am Lande liegen.

Von der Größe der Stadt kann, auch von den itzigen unterirdischen Entdeckungen, das Capitolium daselbst ³), welches Pighius ⁴) unter den Städten außer Rom, die dergleichen Gebäude hatten, anzumerken vergessen, und die großen Ueberbleibsel des Amphitheaters daselbst Zeugniß geben. Dieses große ovale Werk liegt auf einem Hügel, und dessen innerer und äußerer Umfang, das ist der Umfang der Plätze, hält drey tausend Neapolitanische Palmen. Es hatte vier und zwanzig Stufen Sitze, und man hat den Ueberschlag gemacht, daß dasselbe an drey sigtausend Menschen fassen können; es war also weit größer, als das Her-

 culanische

1) [illegible] ad Cluver.
2) p. 568.
3) Vitruv. L. 5. c. 6.
4) de Capit. c. [illegible]

erläutert, wie ich unten berühren werde; es giebt dieses auch der Augenschein. Diese Stadt wurde, wie Seneca berichtet, unter dem Nero fast gänzlich durch ein Erdbeben zu Grunde gerichtet; und es ist jemand daher der Meynung*), daß dasjenige, was Dio zugleich von dieser und dem Herculanischen Theater meldet, eine Verwechselung der Zeit sey. Dieser Geschichtschreiber, welcher von dem ersten großen und bekannten Ausbruche des Vesuvius unter dem Titus redet, meldet, (wie man insgemein den Sinn seiner Worte versteht,) daß die ausgeworfene Menge Asche, welche der Berg ausgeworfen, die beyden Städte Herculanum und Pompeji eben zu der Zeit, da das Volk in dem Theater an dem letzten Orte versammlet war, verschüttet und begraben habe. Pellegrini, welcher am angeführten Orte voraus setzt, daß dieser Unfall auch das Amphitheater mit betroffen habe, kann dieses nicht reimen, und glaubet nicht, daß eine verheerte Stadt in so kurzer Zeit von dem Nero an bis auf den Titus ein so großes Theater wiederum habe aufbauen können, welches nach ihrer Verwüstung*), wie aus bejahenden Nachrichten genommen, vorgiebt. Martorelli, ohne jenen anzuführen, oder dessen Zweifel zu berühren, scheinet eben der Meynung zu seyn; wenigstens schließe ich dieses aus der Verbesserung, welche er in der Erzählung des Dio machen will. Er behauptet, es müsse*) in der ersten gedachten Stelle desselben ταύτης an statt αὐτῆς gesetzet werden, und alsdenn jenes Wort auf das erste, nämlich auf das Herculanische Theater gehen. Des Pellegrini Meynung ist nicht unwahrscheinlich, und es könnte Dio, welcher unter dem Commodus geschrieben, und also von der Zeit der Begebenheit, welche er erzählet, entfernet war, sich geirret haben: es wäre auch des Martorelli Verbesserung, wenn die Sache ausgemacht wäre, nach den Regeln der Sprache richtig. Aber ein einziger Zweifel, welchen ich dieser entgegen

a) Dell. [illegible] p. [illegible]
b) [illegible]
c) Dio p. [illegible] [illegible]
[illegible]

genau sehe, machet diese Unwahrscheinlichkeit, daß das Theater zu Herculanum überschüttet worden, da es voller Menschen und Zuschauer war. Wie ist es glaublich, sage ich, wenn dieses geschehen wäre, daß in diesem Theater kein einziger todter Körper gefunden worden, welche sich hier, wie zu Stabia, wo man sie gefunden, würden erhalten haben? In dem Herculanischen Theater aber hat sich auch so gar kein Gebein von einem Cörper gefunden.

Stabia, ehemals Stabiae in der mehreren Zahl genennet, lag noch etwas weiter als Pompeji vom Vesuvius entfernet, aber nicht wo itzo Castellamare ist, wie Cluverius angiebt: denn jene Stadt hätte, nach dem Galenus, nicht sechzig Stadien vom Meere entfernet seyn können, da dieser Ort nahe am Meere liegt. Stabia lag, wo itzo Gragnano liegen, welches mit den Stadien des Galenus übereinkommt. Es wurde diese Stadt schon von dem Sylla in dem Marsischen Kriege zerstöret, und zu Plinius Zeiten waren nichts als Lusthäuser daselbst.

Noch weiter und gegen Sorrento zu bey Pompejano wurden vor fünf Jahren unterirdische Zimmer entdecket; die Arbeit aber ist nicht fortgesetzt, um die Arbeiter nicht zu vermehren, und nachdem der Eingang von neuem vermauret worden, ist die Entdeckung bis auf andere Zeiten verschoben.

Ueber den zweyten Punct, nämlich von der Verschüttung gedachter Orte, bin ich nicht gesonnen, die Geschichte derselben aus Nachrichten der alten Scribenten zu erzählen, sondern ich will suchen aus eigenen Bemerkungen einen Begriff davon zu geben.

Es ist nicht die Lava oder der feurige Fluß geschmolzener Steine, welcher unmittelbar die Stadt Herculanum überschwemmet, sondern der Anfang und die Bedeckung derselben geschah durch die feurige Asche des Berges, und durch ungeheure Regengüsse, welche außer der Asche, mit welcher diese Stadt unmittelbar bedecket wurde, diejenige, welche auf dem Berge gefallen war, mit sich in dieselbe führeten. Die Asche war so glüend heiß, daß sie auch die Balken in den Häusern verbrannte, welche man in Kellern verwandelt findet, und Korn und Früchte sind ganz schwarz geworden. Die Wassergüsse müssen zu Pompeji und zu Stabia so stark nicht gewesen seyn: denn an beyden Orten findet sich alles wie mit einer leichten Asche angefüllet, und diese leichte Erde wird Lapillo genennet, es konnte auch die Lava nicht bis dahin fließen. Daher haben sich die an den beyden letzten Orten verschütteten Sachen überhaupt besser, als zu Herculano, erhalten. Nachdem nun Herculanum durch die Asche bedecket, und durch die Wasser überschwemmet war, brachen die feurigen Strömme aus, und überflossen diese Stadt ganz gemach durch ihren schweren und langsamen Lauf, und mit diesem Strome ist dieselbe, wie mit einer Rinde bedecket. Eben so war es bey dem schrecklichen Ausbruche im Jahre 1631, nachdem der Berg an hundert Jahre ruhig gewesen, die Asche mit einem Wolkenbruche begleitet.

Daß die Einwohner Zeit gehabt, sich mit dem Leben zu retten, können wir schließen aus den wenigen todten Körpern, welche gefunden sind: denn weder unter Portici, noch unter Resina, noch zu Pompeji sind davon Spuren gewesen; bloß zu Gragnano oder zu Stabia fand man drey weibliche Körper, von denen die eine die Magd der beyden andern schien, und ein hölzernes Kästchen getragen hatte: dieses lag neben ihr und zerfiel in Asche. Die andern beyden hatten goldene Armbänder und Ohrgehenke, welche Stücke in dem Museo gezeiget werden. Eben daher sind wenig kostbare Geräthe, und nur einzelne goldene Ringen und geschnittene Steine entdecket: denn was einen besondern Werth hatte, wurde vor der Flucht ergriffen, und die Zimmer der mehresten Häuser sind fast völlig ausgeleeret gefunden. In einem Zimmer fand sich auf dem Boden ein eiserner Kasten in die Mauer und mit verdeckten Hängen versen: die Arbeiter waren voller Freuden, da sie denselben ansichtig wurden, in Hoffnung besondere Dinge zu finden, in welchem Falle ihnen eine Belohnung gegeben wird; sie befanden sich aber betrogen, und der Kasten war ausgeleert. Zu Pompeji hat man die Anzeige von einer eilfertigen Flucht der Einwohner an vielen schweren Geräthen gefunden, welche man

von

von den Wohnungen ausgegraben worden, und vermuthlich in Flüssen weggeworfen waren.

Diese Entdeckung hat offenbare Beweise von weit ältern Ausbrüchen des Vesuvius gegeben, und die Alten, welche sich nur eine schwache Muthmaßung davon aus den Schlacken an dem Berge bildeten, hätten sich handgreiflich davon überzeugen können. Strabo schließet Entzündungen dieses Berges aus dessen Erdreiche, welches aschfarbig war, und aus Höhlen voller Steine von eben der Farbe, als wenn sie gebrannt wären. Diodorus getrauet sich nicht mehr zu sagen, als daß sich auf diesem Berge Spuren von alten Entzündungen fänden. Plinius aber, welcher in dessen Ausbruche sein Leben lassen mußte, sagt an zween Orten, wo er des Vesuvius Meldung thut, kein Wort davon, so daß es scheinet, es sey auch ihm die Natur dieses Berges unbekannt gewesen. Die deutlichen Zeichen von dem, was ich sage, sind erstlich die gebrannte Erde mit Schlacken vermischet, auf welche die ganze Stadt Pompeji gebauet ist, und diese Erde heißt itzo Terra di fuoco. Dieses hätte bey jedem Gebäude, welches daselbst von Alters aufgeführet worden, wenn man den Grund dazu gegraben, Anlaß zu Untersuchungen geben können. Ferner sind die Straßen so wohl von Herculaneum als zu Pompeji mit großen Steinen Lava gepflastert, welche sich von anderen Kieseln oder harten Steinen, durch eine schwärzere Vermischung, und durch kleine weiße Flecken an dem gründlich schwärzlichen Grunde der Farbe, unterscheiden, welche Art von Steine den Alten nicht bekannt gewesen seyn muß. Von dem Herculanischen Pflaster hat man einen einzigen Stein hervorgezogen, welcher in dem Musäo zu Portici liegt, und zween Palme, drey Zolle, Römisches Maaß, breit ist. Dieses Pflaster von Lava in den verschütteten Städten hätte der Herr P. della Torre in seiner Beschreibung des Vesuvius sehr schicklich anführen können, und er würde durch den einzigen aufgehobenen Pflasterstein belehret seyn, daß die heutige Lava nicht härter, als die alte sey, wie er *) aus guten Gründen, aber wider die Erfahrung, be-

*) Storia del Vesuv. c. 5. §. [illegible] p. [illegible] und in der franz. Uebersetzung dieses Buchs, p. [illegible]

behaupten. Noch an andern Zeichen älterer Ausbrüche vor den Zeiten des Titus sind Spuren geblieben, welche sich in den Mauern der Gebäude von Pompeji finden.

Nach der Anzeige der verschütteten Orte und der Verschüttung selbst, ist vorjetzo eine Nachricht von der Entdeckung derselben zu geben, und diese ist in Absicht auf Herculaneum eine ältere, und hernach die Entdeckung aller dieser Orte, welche zu unseren Zeiten geschehen ist.

Von einer ältern Entdeckung oder vielmehr Nachsuchung des verschütteten Herculaneum haben sich offenbare Spuren beym Nachgraben unter der Erde gefunden, welche auch in der auf Königlichen Befehl gezeichneten Carte von diesen unterirdischen Gängen, welche ich das Glück gehabt habe zu sehen, angezeiget sind. Dieses sind mit Mühe gearbeitete und ausgehauene unterirdische Gänge, welche, ohne etwas dergleichen vorher zu vermuthen, die Arbeiter derselben von selbst zeigeten: folglich kann man nicht alles, was der Berg verschüttet hat, zu finden hoffen. Auf diese vor Alters geschehene Nachgrabung scheinet eine Inschrift zu deuten, welche zwar bereits gedruckt ist, aber hier füglich einen Platz verdienet, wegen des Lichts, welches sie uns geben kann.

SIGNA TRANSLATA EX ABDITIS
LOCIS AD CELEBRITATEM
THERMARVM SEVERIANARVM.
AVDENTIVS AEMILIANVS V. C. CONS.
CAMP. CONSTITVIT. DEDICARIQVE PRECEPIT (sic)
CVRANTE T. ANNONIO CHRYSANTIO V. P.

Fabretti, welcher dieselbe aus einer Handschrift bekannt machet[1]), erkläret sich in den Noten über dieselbe[2]), daß er nicht verstehe, was der Anfang derselben sagen wolle. Mazocchi[3]) läßt sich ebenfalls nicht ein in den

Anfang

1) Inscr. p. [illegible] n. 579 2) Ibid. p. [illegible]
3) De Theatr. Camp. p. [illegible]

Anfang derselben, und versetzt sie in die Bäder zu Rom, die Septimius Severus bauete, und Antoninus Caracalla, dessen Sohn und Nachfolger, [illegible], die daher auch schon vor Alters, wie noch itzo, Antoniniana hießen, und insgemein die Bäder des Caracalla genennet werden. Diese Inschrift, von welcher man nicht eigentlich wußte, an welchem Orte dieselbe abgeschrieben worden, fand [illegible] bey einem Steinmetzen zu Neapel, da derselbe bereits die Säge angesetzet hatte, diesen Marmor zu zerschneiden; [illegible] von Dingen, die zu Neapel, oder in der Gegend umher, gefunden sind. Es ist also dieses Gelehrten der Meynung¹), daß SIGNA TRANSLATA EX ABDITIS LOCIS auf Statuen, welche man aus den verschütteten Gebäuden, und vornehmlich aus dem Herculano, weggenommen, zu deuten sey. Die Severianischen Bäder versteht er von Bädern, nicht des Septimius Severus, sondern des Kaisers Alexanders Severus, und gleichwohl führet er den Spartianus an, welcher von jenen und nicht von diesen reden kann, weil seine Geschichte nicht so weit gehet: er hätte sich auf den Lampridius berufen sollen, welcher von den Alexandrinischen Bädern zu Rom redet. Ferner sagt Mazocchi: man wisse die Zeit des [illegible] Viri Consularis, welcher zu des Severus Zeiten (welches Severus aber, sagt er nicht) gelebet; woher er es aber weis, hat ihm nicht gefallen anzugeben. In diese Bäder zu Rom wurden die Statuen von [illegible] hingeschaffet, und durch den [illegible] aufgestellet. Die Inschrift und die [illegible] Herculano erklären sich also [illegible]. Bald hernach verlosch das Andenken dieser verschütteten Städte gänzlich aus dem Gedächtnisse der Menschen durch die einreißende Barbarey und Unwissenheit.

Die neuere Entdeckung geschahe bey Eingrabung eines Brunnens, welchen der Prinz Elbeuf, in seinem Hause, daselbst graben ließ. Dieses Haus wurde dem gedachten Prinzen zu seinem Aufenthalte an die-

sem

1) In Addition. ad Reg. [illegible] p. 12. sq.

seinen Ort, hinter dem Kloster der Barfüßer der strengeren Regel von S. Pietro von Alcantara, auf dem Rande und der Klippen der Lava selbst, am Meere aufgebauet, und es kam nach dessen Tode an das Haus Falletti in Neapel, von welchem es der itzige König in Spanien käuflich erstand, um sich desselben zur Fischerey und sonderlich zum Fangen der Vögel zu bedienen. Gedachter Brunnen wurde nahe an dem Garten der Augustiner Barfüßer angeschlagen, und durch die Lava durchgebrochen; der Boden wurde fortgeführet bis man an festes Erdreich gelangete, welches die Fläche des Vesuvius ist, und hier fanden sich drey weibliche bekleidete Statuen, auf welche der damalige Oesterreichische Vice-König mit Recht Anspruch machte. Dieser ließ dieselben nach Rom führen, wo sie ergänzet wurden, und schenkte sie dem Prinzen Eugenius, welcher sie in seinem Garten zu Wien aufstellete. Nach seinem Tode verkaufte dessen Erbin diese drey Statuen an Se. Majest. den König von Pohlen für sechstausend Thaler oder Gulden (welches ich nicht eigentlich weiß) und es standen dieselben vor sieben Jahren, vor meiner Abreise nach Italien, in einem Pavillon des großen Königlichen Gartens vor Dresden, unter den Statuen und Brustbildern des Pallastes Chigi, welche der hochsel. verstorbene König von Pohlen um sechzigtausend Scudi erkaufte, und mit welcher er eine andere Sammlung alter Werke vereinigte, die ihm der Herr Cardinal Alexander Albani für zehentausend Scudi überließ.

Dem Prinzen Elbeuf wurde nach dieser Entdeckung untersaget, mit Nachgraben fortzufahren, und von dieser Zeit an wurde in mehr als dreyßig Jahren nicht weiter daran gedacht, bis da der itzige König in Spanien zum ruhigen Besitze beyder Sicilien gelangete, und Portici zum Frühlingsaufenthalte wählete. Der ehemals gegrabene Brunnen war noch da, und in demselben gieng man, auf Königlichen Befehl, weiter hinunter, bis sich Spuren von Gebäuden fanden, und diese waren von dem Theater, welches die erste Entdeckung ist; und der Brunnen ist noch itzo, so wie derselbe durch die Lava gebrochen worden, zu sehen, und

fällt

fällt auf die Mitte des Theaters, welches durch diese Oeffnung Licht bekommen. Die Inschrift mit dem Namen der Stadt Herculanum, die man fand, zeigeten den Ort an, wo man grub, und dieses machte Muth, die Arbeit unter der Erde weiter fortzusetzen.

Die Aufsicht über diese unterirdische Arbeit wurde einem Spanischen Feldmesser oder Ingenieur, Rocco Gioachino Alcubierre, welcher dem Könige aus seinem Lande gefolget war, aufgetragen; dieser ist itzo Obrister und das Haupt von dem Corpo der Neapolitanischen Ingenieurs. Dieser Mann, welcher mit den Alterthümern so wenig zu thun gehabt hatte, als der Mond mit den Krebsen, nach dem Wälschen Sprichworte, war durch seine Unerfahrenheit Schuld an vielem Schaden und an dem Verluste vieler schönen Sachen. Ein Exempel kann an statt aller dienen. Da man eine große öffentliche Inschrift, ich weiß nicht, an dem Theater, oder an einem andern Gebäude entdeckte, welche aus Buchstaben von Erzt bestand, die an zween Palme lang sind, wurden dieselbe, ohne die Inschrift vorher abzuzeichnen, von der Mauer abgerissen, und alle unter einander in einen Korb geworfen, und in dieser Verwirrung Sr. Majestät gezeiget. Der erste Gedanke, welcher einem jeden Menschen kommen mußte, war die Frage, was diese Buchstaben bedeuteten; und dieses wußte niemand zu sagen. Viele Jahre stunden dieselbe in dem Museo willkührlich aufgehänget, und ein jeder konnte das Vergnügen haben, sich nach seinem Gefallen Worte aus denselben zu bilden; endlich aber hat man sie lange studiret, bis man sie in einige Worte gebracht hat, von welchen unter andern IMP. AVG. ist. Wie man durch desselben Veranstaltung mit der Quadriga von Erzt verfahren ist, werde ich unten in dem dritten Stücke anführen.

Da mit der Zeit dieser D. Rocco höher stieg, wurde die nähere Aufsicht und das Besorgen der unterirdischen Orte und Gebäude einem Ingenieur aus der Schweiz, Herrn Carl Weber, welcher itzo Major ist, übergeben, und diesem verständigen Manne hat man alle gute Anstalten, die nach-

nachher gemacht sind, zu danken. Das erste, was er machte, war ein richtiger Grundriß der unterirdischen Gänge und der entdeckten Gebäude, und dieses nach allen Regeln von Ausmessungen; diesen Grundriß machte er deutlich durch andere Zeichnungen, welche den Aufriß der ganzen Entdeckung zeigen, die man sich vorstellen muß, zu sehen, wie wenn das ganze Erdreich über dieselbe weggenommen wäre, und das Innerste der Gebäude, deren Zimmer und ihre Gärten, nebst dem eigentlichen Orte, wo ein jedes gefunden ist, sich unsern Augen von oben her aufgedeckt zeigete. Diese Risse aber werden niemanden gezeiget.

Nachdem man nicht an den Herculanischen Entdeckungen glücklich gewesen war, fieng man an, die andern Orte aufzusuchen, und so fand sich die wahre Lage von dem alten Stabia; und Pompeji entdeckte die großen Ueberbleibsel des Amphitheatri, welche beständig über der Erde auf einem Hügel sichtbar gewesen. An beyden Orten war mit wenigern Kosten, als zu Herculanum, nachzugraben, weil man dort keine Lava zu überwinden hatte. Nirgend gehet man mit größerer Zuversicht, als in Pompeji, weil man gewiß weiß, man gehe Schritt vor Schritt in einer großen Stadt, und die Hauptstraße ist erfunden, welche in schnurgerader Linie fortgehet. Bey aller dieser Gewißheit, Schätze, die unseren Vorfahren nicht bekannt gewesen, zu finden, wird das Werk sehr schläfrig getrieben, und es sind an allen unterirdischen Orten zusammen nicht mehr als funfzig Arbeiter, die Sclaven von Algier und Tunis mit gerechnet, verhanden; und eine große Stadt, wie Pompeji ist, auszugraben, fand ich auf meiner letzten Reise nur acht Menschen beschäfftiget.

Die Art und Weise, mit welcher man im Nachgraben verfähret, ist so beschaffen, daß nicht leicht eine Hand breit übergangen werden kann. Man folget dem Hauptgange in gerader Linie, und aus demselben gehet man auf beyden Seiten heraus, und wenn ein Raum ins Gevierte von sechs Palmen nach allen Seiten ausgegraben und durchsucht ist, wird gegen über ein Raum von gleicher Größe aufgegraben, und das Erdreich aus

dessen

diesem wird es den Mann gegraben geführet, theils um die Kosten zu ersparen, theils um das Erdreich durch Anfüllung zu unterstützen, und so verschüttet man wechselweis.

Ich weiß, daß Ausländer so wohl als Einheimische, die dieses alles nur im Vorbeygehen sehen, oder sehen können, wünschen, daß nichts wieder mit Erdreiche angefüllet werden, sondern daß man, wie in gedachten Grundrissen, die ganze unterirdische Stadt Herculanum aufgedeckt möchte liegen sehen. Man tadelt den schlechten Geschmack des Hofes und derer, die über diese Arbeit gesetzet sind; aber dieses ist ein Urtheil nach dem ersten Eindrucke ohne gründliche Untersuchung des Orts und anderer Umstände. Von dem Theater gebe ich es zu, wo leicht möglich und die Entdeckung der Kosten würdig gewesen wäre, und man hat übel gethan, sich zu begnügen, die Stufen zu entdecken, welche man sich aus so viel alten Theatern vorstellen konnte, die Scena selbst aber, als den merkwürdigsten Theil, wovon wir keine anschauliche Kenntniß haben, verdeckt und verschüttet zu lassen. Vielleicht ist es durch ihre Hände angelegt, diesem Verlangen ein Genüge zu thun, und es sind die Stufen, welche aus der Arena oder der Platea zur Scena führen, entdecket. Es könnte also das Herculanische Theater wenigstens unter der Erde mit der Zeit völlig gesehen werden.

Was aber die Aufdeckung der ganzen Stadt betrifft, gebe ich denen, die solches wünschen, zu überlegen, daß, da die Wohnungen durch die ungeheure Last der Lava eingedrückt worden, man nichts als die vier Mauern sehen würde. Da man ferner diejenigen Wände, welche bemalet waren, um das Gemälde nicht der Luft und dem Wetter preis zu geben, weggenommen, so würden die besten Häuser ausgeraubt zu sehen seyn, und die Mauern von den schlechtesten Wohnungen wären stehen geblieben. Nächstdem ist leicht zu begreifen, was vor ein ungeheurer Aufwand es gewesen seyn würde, alle Lava wegzusprengen, und alles theils verschüttete, theils anderes Erdreich auszugraben und wegzuführen; und zu was vor Nutzen? geplünderte alte Mauern zu sehen. Und endlich hätte man, um enigen einzigen Neugierigen Lust zu stillen, eine ganze wohlgebauete und stark bewohnte Stadt verwüsten müßten, um eine verschüttete Stadt und einen Haufen Steine an das Licht zu bringen. Die gänzliche Aufdeckung des Theaters aber würde nichts lassen, als den Garten der Augustiner Barfüßer, unter welchem es steht.

Diejenigen, welche völlig aufgedeckte von Mauern [illegible] ganze [illegible] Wohnungen sehen wollen, können nach Pompeji gehen; aber man muß sich nicht so viel versprechen. Dieses bleibt nur für die Engländer. An diesem Orte kann man alles aufdecken: denn die ganze Stadt ist nur mit einer wenig fruchtbaren Erdrinde bedeckt, und da der [illegible] an diesem Orte der schlechteste Wein wächst, so tragen die daselbst gepflanzten Weinberge wenig ein, und es ist kein großer Schade, dieselbigen zu verwüsten. Man findet auch hier mehr, als an andern Orten, in solcher Gegend eine [illegible], welche [illegible], und alles verdorben, so wie ich es an einem Haufen [illegible] fand, die ich vor fünf Jahren frisch und ganz gesehen hatte. Diese [illegible] ist indessen [illegible] von einem [illegible] des Berges, und [illegible] sich zuerst in Kellern; vor dem letzten Ausbruche flohen einige Menschen, beym Eintritte in die Keller ihrer Häuser, auf der Stelle todt nieder.

Man ersieht aus dieser Nachricht von den Anstalten zu Entdeckung dieser Orte, daß mit solcher Langsamkeit [illegible] für die Nachkommen im weitern Stande zu graben und zu finden übrig bleiben werde. Mit noch geringern Kosten könnte man vielleicht eben so große Schätze finden, wenn man zu Pozzuolo, zu Bajä, zu Cuma und zu Misenum graben wollte, denn hier waren die prächtigen Villen der großen Römer. Aber der Hof begnüget sich mit den gegenwärtigen Entdeckungen, und der [illegible] darf niemand eine [illegible] machen. Es sind so gar noch unbekannte Gebäude an diesem Orte; wie denn ein Englischer Schiffscapitain, da er an dieser Gegend lag, unter Bajä einen großen prächtigen Saal unter der Erde entdeckte, in welchen man nur zu Wasser gelangen kann:

zu

an derselben hat sich die schönste Symmetrie erhalten. Diese Entdeckung geschahe vor zwey Jahren, und ich selbst habe davon allererst nach meiner Rückkunft von Neapel, durch Hrn. Mylne aus Edinburg in Schottland, Nachricht erhalten, und die Zeichnungen gesehen. Dieser Liebhaber der Künste, und besonders der Baukunst, stehet im Begriffe, eine Reise nach Griechenland und Klein-Asien anzutreten.

Nach dem dritten Stücke von der Entdeckung und von der Art derselben ist zuletzt im vierten Stücke vornehmlich von den Entdeckungen selbst Nachricht zu geben, und hier wiederhole ich die Erklärung, welche ich zu Anfange dieses Sendschreibens gemacht habe, nicht alles zu berühren, noch was ich anderwärts angeführet habe, hier zu wiederholen. Ich fange billig bey den entdeckten unterirdischen Orten selbst und den Gebäuden an, welche wir unter dem Namen der unbeweglichen Entdeckungen begreifen können, wo über die Bauart, Gebäude und Wohnungen Anmerkungen zu machen sind, und zwar von jedem der verschütteten Orte insbesondere, so viel mir von denselben die geheim gehaltenen Nachrichten einzuziehen möglich gewesen. Zweytens aber und vornehmlich ist von den im Museo aufgestellten Entdeckungen, theils über Gemälde, Statuen, Brustbilder und kleine Figuren zu reden, wo ich einige Inschriften mit anhänge, theils von den Geräthen, und zuletzt umständlich von den entdeckten Schriften zu handeln. Der Leser merke hier die Verhältniß des Neapolitanischen Palmi, nach welchem die mehresten Maaße angegeben sind; es hält derselbe ungefähr [illegible] Rheinische Zolle, und ist also zween Zolle größer, als der Römische Palm.

Unter den unbeweglichen Entdeckungen ist der Zeit und Größe nach das erste und vornehmste das Theater der Stadt Herculanum. Es hat dasselbe achtzehen Reihen Sitze, einen jeden von zwey Römischen Palmen breit, und einem in der Höhe, und die sind aus einer Art von Tufo gehauen, nicht aus harten Steinen, wie [illegible] angiebt. Ueber diese Sitze erhob sich ein Porticus, und unter demselben waren drey andere

Reihen

Reihen Sitze. Zwischen den untern Sitzen sind sieben besondere Ausgänge, zur Bequemlichkeit, welche Vomitoria heißen. Der Durchmesser des untern Sitzes ist zwey und sechzig Neapolitanische Palmen, und man hat gefunden, anderthalb Palmen auf die Person gerechnet, daß in diesem Theater dreytausend und fünfhundert Menschen sitzen können, außer denjenigen, die in der Arena oder der Platea Platz hatten. Dieser unterste Platz war mit starken Platten von Giallo antico geschützet, wie man noch an einigen Spuren siehet, die zum Denkmale übrig gelassen sind. Die gewölbten Gänge unter den Sitzen waren mit weißem Marmor belegt, wie die Spuren zeigen, und die Gesimse, welche in denselben umher gehet, ist noch von Marmor übrig.

Oben auf dem Theater stand eine Quadriga, d. i. ein Wagen mit vier Pferden bespannt, nebst der Figur der Person auf denselben in Lebensgröße, alles von vergoldetem Erzt, und man sieht noch itzo die Base von weißem Marmor, auf welcher dieses Werk stand. Einige behaupten, daß es dem Vitell gewesen, oder drey Wagen, jeder mit zwey Pferden; und diese Ungewißheit zeuget von der Dummheit derjenigen, die an dieser Entdeckung Hand hatten. Dieß Werk hat, wie leicht zu erachten ist, von der Lava Eingriffe gelitten, zerbrochen und zerstücket, aber es fehlete bey der Entdeckung kein Stück an demselben. Was verfuhr man aber mit diesen kostbaren Trümmern? Es wurden alle Stücke gesammlet, auf Wagen geladen, nach Neapel geführet, und in dem Schloßhofe abgeladen, wo dieselben in einer Ecke aufeinander geworfen wurden. Hier lag dieses Erzt, wie altes Eisen, geraume Zeit, und nachdem hier ein Stück und dort ein anderes war weggetragen worden, so entschloß man sich, diesen Ueberbleibseln eine Ehre anzuthun; und worinn bestand dieselbe? Es wurde ein großer Theil davon geschmolzen zu zwey großen erhaben gearbeiteten Brustbildern des Königs und der Königinn. Wie diese beyden Stücke gerathen seyn können, stelle ich mir vor, ohnerachtet ich dieselben nicht gesehen habe: denn sie sind unsichtbar geworden, und dem Gotte gethan, da man das verschiedene unverantwortliche Verfahren anfieng zu merken.

werfen. Die übrigen Stücke von dem Wagen, von den Pferden und von dem Führer wurden etwas weiterum nach Portici geführet, und in den Gewölbern unter dem Königlichen Schlosse der Welt völlig aus den Augen gerücket. Geraume Zeit nachher brachte der Aufseher des Musei in Vorschlag, aus den übrigen Stücken von den Pferden wenigstens ein einziges zusammen zu setzen, und dieses wurde beliebet, und durch die Arbeiter in Erzt, die von Rom zur Arbeit an andern Entdeckungen waren verschrieben worden, wurde Hand an dieses Werk geleget. Alle und jede Stücke zu einem ganzen Pferde fanden sich nicht mehr, und es mußten einige neue Stücke gemacht werden, und auf diese Art brachte man endlich ein Pferd und ein schönes Pferd zusammen, welches in dem innern Hofe des Musei aufgerichtet ist. An dem Gestelle von Marmor stehet folgende Inschrift in vergoldeten Buchstaben von Erzt, von dem berühmten Mazzocchi gemacht:

EX QVADRIGA AENEA
SPLENDIDISSIMA
CVM SVIS IVGALIBVS
COMMINVTA AC DISSIPATA
SVPERSTES ECCE EQVVS VNVS,
RESTO,
NONNISI REGIA CVRA
REPOSITIS APTE SEXCENTIS
IN QVAE VESVVIVS ME
ABSYRTI INSTAR
DISCERPSERAT
MEMBRIS.

In dieser Inschrift könnte man einige Zweifel machen über das Wort SEXCENTIS, welche Zahl gewöhnlicher Weise ist, eine unbestimmte große Zahl anzugeben, die aber hier viel zu groß ist: denn es mögen nicht hundert Stücke heraus kommen. Man kann auch die Metapher INSTAR

ALFIERI, war nicht allein sehr überflüßig, sondern in dem Stile der Inschriften fremde finden; es ist auch die Versetzung der Worte von serventis bis zu membra zu weit und zu poetisch.

Dieses Pferd, gut oder übel zusammen gesetzt, schien eine aus einem Stücke zu seyn, bis nach und nach die übel verwahrten und verschmierten Fugen sich von der Hitze öffneten: denn es ist schwer, einen neuen Guß an den Bruch eines alten Stückes von Erzt zu verbinden, und da im März 1739. bey neuem Dachen, ein großer Regen einfiel, lief das Wasser in die Fugen, und das Pferd bekam die Wassersucht. Diese Schande der Ergänzung suchte man auf das sorgfältigste zu verbergen; der Hof des Musei wurde an drey Tage verschlossen gehalten, bis das Wasser aus dem Bauche abgezapfet war. In diesen beschädigten Umständen ist das Pferd bis itzo ohne weitere Hülfe, welche schwer werden würde, stehen geblieben; und dieses ist die Geschichte der vergoldeten Quadriga von Erzt auf der Spitze des Herculanischen Theaters.

Von dem Theater war nicht weit entfernet ein runder Tempel, wie man glaubte, des Hercules, von dessen inwendigen Mauren die größten Gemälde, welche in dem ersten Bande stehen, abgenommen sind. Diese sind, der Theseus, welchem die Athenienschen Knaben und Mädchen die Hände küssen, da er von Creta zurück kam, und den Minotaur erleget hatte, und an dessen als dem größten Stücke siehet man die Runde der Mauern. Die übrigen sind die Geburt des Telephus, der Chiron und Achilles, und Pan und Olympus.

Diese Gemälde standen an dem öffentlichen Platze der Stadt, wo die marmornen Statuen zu Pferde des ältern und des jüngern Nonius Balbus gefunden worden, von welchen diese, weil sie am besten erhalten war, zuerst ergänzet, und in dem Portal des Königlichen Schlosses unter einem Hause von Glas gesetzet worden. Jene Statue stehet dieser gegen über; der Platz zu derselben aber ist nicht ausgebauet. Das Kupfer von der ersten, welches aus dem Gedächtnisse gezeichnet, und in

Bey

Herrn Symols inwarts geschehen ist, giebt einen genauern Begriff von demselben.

Nahe an diesem öffentlichen Platze lag eine Villa oder ein Landhaus, nebst zugehörigem Garten, welcher sich bis an das Meer erstreckete; und in derselben sind die alten Schriften, von welchen in dem letzten Abschnitte dieses Schreibens geredet wird, und die Brustbilder von Marmor in den Vorzimmern der verschiedenen Wohnungen, nebst einigen schönen weiblichen Statuen von Erzt gefunden. Ueberhaupt ist zu merken, daß das Gebäude dieser so wohl als anderer Villen an diesem und andern benachbarten Orten, nebst andern Wohnungen, nur von einem einzigen Geschoß gewesen. Diese Villa schloß einen großen Teich ein, welcher 252 Neapolitanische Palmen lang und 27 breit war, und an beyden Enden war derselbe in einen halben Zirkel ⌒ gezogen. Rund umher waren, was wir Gartenstücke nennen, und dieser ganze Platz war mit Säulen von Ziegeln, mit Gyps überzogen, besetzt, deren 22 an einer und an der längsten Seite standen, und 10 in der Breite. Oben auf diesen Säulen giengen Balken bis in die Mauer, die um den Garten gezogen war, und dieses machte eine Laube um den Teich. Unter derselben waren Abtheilungen zum Waschen oder Baden, einige halb rund und andere eckigt, wechselsweise. Zwischen den Säulen standen erwähnte Brustbilder, und wechselsweise mit denselben die weiblichen Figuren von Erzt. Um die Mauer des Gartens umher von außen war ein schmaler Wassercanal geleitet. Aus dem Garten führete ein langer Gang zu einer offenen runden Loggia, oder Sommersitze, am Meere, welche 25 Neapolitanische Palmen vom Ufer erhöhet war, und von dem langen Gange gieng man vier Stufen zu dem runden Platze hinauf, wo oben gedachtes schöne Pavimente oder Estrich von Marmo Africano und von Giallo antico war. Es bestehet dasselbe aus zwey und zwanzig Umkreisen, die sich gegen den Mittelpunct verschlingen, von [illegible] gekrümmten und abwechselnden [illegible] um, in deren Mitte eine große Rose ist, und dienet ißo zum Fußboden in dem zweyten Zimmer des Herculanischen Musei; es hält vier und zwanzig Römische Palmen im Durchmesser. Um diesen Fußboden gieng eine Einfassung von weißem Marmor von anderthalb Neapolitanischen Palmen breit, welche bey nahe einen halben Palm höher lag. Es war dieses Werk, wie oben gesagt ist, zwo Neapolitanische Palmen unter der Erde, und unter der Lava des Vesuvius bedeckt. Außer der Bibliothek war in dieser Villa, so viel ich habe erfahren können, ein kleines völlig dunkeles Zimmer, etwa von fünf Palmen lang, nach allen Seiten, und an zwölf Palmen hoch, welches mit Schlangen bemalet war, woraus zu schließen wäre, daß es zu dem Ägyptischen geheimen Aberglauben gedienet hätte, welches ein kleiner Dreyfuß von Erzt, den man hier fand, wahrscheinlicher macht. Von großen Herculanischen Gebäuden sind bis itzo noch nicht mehrere entdecket.

Unter den merkwürdigen Entdeckungen der Stadt Pompeji will ich mich auf einen kleinen viereckigen Tempel oder Capelle einschränken, welcher im Jahre 1761 ausgegraben wurde. Es gehörete derselbe zu einem großen Hause oder Villa, und der Giebel, welcher mit allerhand Laubwerke ausgezieret war, ruhete auf vier Säulen, welche gemauert und übergipset waren, etwa anderthalb Palme im Durchmesser, und sieben Palme sieben Zoll hoch, mit gewundenen Cannelirungen, die Streifen an denselben angezeiget. Eine von diesen Säulen stehet in dem Hofe des Herculanischen Musei. Der Tempel war zwo Stufen erhaben, und zwischen dem mittlern Intercolumnio, welches sehr viel weiter als die andern waren, giengen innerhalb drey andere, aber rund hinein geschweifte, Stufen bis an den Fußboden dieses Tempels, welcher also um so viel höher lag, als die Säulen standen: diese Stufen waren mit Platten von schwarzem Marmor-Cipollino belegt. Innerhalb dieses kleinen Tempels stand eine Diana im hetrurischen Stile auf einer Basis, welche ebenfalls mit Marmor belegt war. Vor dem Tempel, auf der Seite gegen den rechten Eck desselben, stand ein runder Altar; auf der andern Seite war ein Brunnen: gegen den Tempel über war eine Cisterne, und in den hier ein geschlossenen Ecken derselben waren vier Brunnen, oder Oeffnungen aus

aus der Cisterne, um das Wasser mit mehr Bequemlichkeit zu schöpfen. Das einzige Gebäude von jenem Geschlecht in allen Entdeckungen, ist hier gefunden, und man wird dasselbe beständig aufgedeckt sehen können. Als ich mich im Februario dieses 1762. Jahres mit dem Aufseher des Musei daselbst befand, waren die Arbeiter beschäftiget, ein bemaltes Zimmer aufzuräumen, und eine Art von Erdgeschoß an das Licht zu bringen, welcher mit Marmor belegt war, und an eben dem Orte fand man eine Sonnenuhr.

Zu Gragnano, oder in dem alten Stabia, fand sich eine Villa oder Landhaus, welche in den mehresten Stücken der Herculanischen ähnlich war. Mitten im Garten war ein Dach von vier gleichen Abtheilungen, über welche eben so viel kleine Dächlein von einem Bogen giengen. Um den freyen Platz umher waren auf der einen Seite zehen Säulenschäfte; auf der andern Seite zehen Kammern zum Waschen oder Baden, welche wie im Herculano halb rund und eckig wechselsweise folgeten. Diese Kammern so wohl, als jene Säulen, waren durch eine Decke bedeckt, welche so wie jene gemacht war, und vermuthlich auf eben solchen Säulen ruhete. Um den ganzen Garten war ein Wassercanal an der innern und äußern Seite der Mauer geleitet, vermuthlich das Regenwasser zu sammlen: denn von Wasserleitungen hat sich hier keine Spur gefunden, und man wird in dieser Gegend größten Theils von Wasser vom Himmel gelebet haben; wie denn in dem Atrio dieser Villa selbst eine große Cisterne war. Eben so war der erstaunende Wasserbehälter für die Römische Flotte bey Misenum, Piscina mirabile genannt, mit Regenwasser angefüllet, und die Soldaten der Flotte trugen dasselbe hinaus, wie man noch itzo aus einigen Röhren in der Höhe schließen kann, wo vermuthlich das Wasser hineingegossen wurde. Dieser unterirdische Behälter stehet auf fünf langen Bogen, ein jeder von dreyzehen Römischen Palmen breit, und eben so weit stehen die Pfeiler von einander.

Von denen in dem Museo selbst enthaltenen Entdeckungen und Seltenheiten sind zwo Classen zu machen, unter denen die erste die Sachen der Kunst und die Geräthe enthält, die zweyte aber die geschriebenen Schriften. Von der ersten Art ist zu vörderst der Gemälde zu gedenken, von welchen itzo über tausend Stücke große und kleine befindlich sind. Es sind dieselbe alle in Holz gefasset mit vorgeschobenem Glase, und einige der größten, als der Theseus, der Telephus, der Chiron u. s. f. haben ihre Glasthüren, um dieselben genauer betrachten zu können. Die mehresten sind auf einem trockenen Grunde, oder a tempera, gemalet, wie auch in der Beschreibung dieser Gemälde angezeigt ist, und einige wenige sind auf nassen Gründen, oder a fresco. Da man aber anfänglich in der Meynung stand, daß alle Gemälde auf der Mauer auf nasse Gründe gesetzet wären, und hierüber kein Zweifel entstand, so wurde der Art der Malerey an diesen Stücken nicht untersuchet. Zu gleicher Zeit fand sich ein Mensch, welcher mit einem Firniß hervor kam, diese Gemälde zu erhalten, und mit diesem wurden so gleich alle diejenigen, welche entdecket waren, überzogen, und folglich ist es nicht mehr möglich, die Art der Malerey an denselben zu untersuchen. Die allerschönsten sind die Figuren der Tänzerinnen und der Centauren, von etwa einer Spanne lang, auf einem schwarzen Grunde, welche von einem großen Meister Zeugniß geben: denn sie sind flüchtig wie ein Gedanke, und schön wie von der Hand der Gratien ausgeführet. Die nächsten nach diesen sind zwey Stücke, die zusammen gehöreten, von etwas größeren Figuren *), wo auf dem einen ein junger Satyr ein Mädchen küssen will, und auf dem andern ist ein alter Satyr in einen Hermaphroditen verliebt. Vollständiger kann nichts gedacht und schöner nichts gemalet seyn. Außerdem sind einige Frucht- und Blumenstücke in dieser Art Malerey vortrefflich.

Wir können hieraus den Schluß machen: Wenn an einem Orte wie Herculanum war, und auf Mauren in Häusern, so außerordentliche Stücke gewesen; wie vollkommen müssen die Werke der großen und berühmten griechischen Maler in den besten Zeiten gewesen seyn? Näher zu

den

*) Pitt. Ercol. T. I. tav. 15. 16.

der Nachricht dieses Schicksals werden wir auch hier durch eine ganz ungewöhnliche Bemerkung an vier Gemälden geführet, welche zwar zu Stabia gefunden, aber nicht daselbst gemalet sind. Es wurden dieselben zwey und zwey aus der ungemaleten Seite der Mauer auf einander gelehnt, auf dem Boden des Zimmers gedachter Villa, an der Mauer angelehnet gefunden, und waren also anderwärts ausgesäget und weggenommen, vielleicht in Griechenland, und hierher gebracht, um in die Mauer des Zimmers eingefüget zu werden, da der unterbrechende Untergang dieses verhinderte. Dieses ist eine Entdeckung, welche zu Ende des vorigen 1761. Jahres gemacht worden. Die Figuren sind etwa von anderthalb Spannen mit dem größten Fleiße, mehr als irgend eins von den bisher entdeckten ausgeführet, und alle viere haben eine mit verschiedenen Farben gezogene Einfassung. Schade ist es, daß zwey davon zerbrochen und dadurch beschädiget sind. Ich habe dieselben in meiner Geschichte der Kunst des Alterthums umständlich beschrieben.

Hier ist zu erinnern, daß alle vorgegebene Gemälde auf der Mauer, welche aus Italien jenseit der Alpen, es sey nach England, Frankreich oder nach Deutschland gegangen sind, vor Betrügereyen zu halten. Der Herr Graf Caylus ließ eins dergleichen als ein altes Gemälde in seinen Sammlungen von Alterthümern stechen, weil man es ihm als ein Stück aus dem Herculano verkauft hatte. Dem Marggrafen von Bayreuth wurden bey seiner Anwesenheit in Rom verschiedene von diesen Gemälden aufgehänget, und ich höre, daß dergleichen Betrügereyen auch an andere Deutsche Höfe versendet worden. Es sind dieselben alle von einem sehr unverschämten Venetianischen Maler, Joseph Guerra, in Rom, welcher im vorigen Jahre verstarb, gemacht; und es ist kein Wunder, daß Fremde sich mit dieser Arbeit haben anführen lassen, da dieses einem in Alterthümern sehr erfahrnen und weitläuftig gelehrten Manne widerfahren ist. Dieses ist der Jesuit P. Contucci, Aufseher der Studien und des Musei in dem Collegio Romano, welcher mehr als einige Stücke erhandelte, in der Versicherung von Schätzen, welche aus Stabia, ja gar aus Palmy-

ra

zu gebracht worden: denn man sagt, daß viele dieser Gemälde nach Neapel geschafft worden, welche man von da zurück kommen ließ, um der Betrügerey einen Schein zu geben. Auf einigen sind selbst erfundene Buchstaben gesetzt, die mit keiner bekannten Sprache eine Verwandtschaft haben, zu deren Erklärung aber sich vielleicht ein zweyter Kircher gefunden hätte, wenn der Betrug noch einige Zeit verdeckt geblieben wäre. Es erfodern diese Gemälde aber Personen, ich will nicht sagen, die in der Kunst oder in den Alterthümern erfahren sind, sondern Geschmack besitzen, in die Augen fallen: denn gedachter Maler zeiget nicht die allergeringste Kenntniß in Gebräuchen und Gewohnheiten der Alten, oder in ihren Formen, sondern er entwarf seine Sachen aus Einbildung, und schuf eine neue Welt, dergestalt, daß, wenn er einiges von seinen Gedichten hätte alt seyn können, das ganze System der Kenntnissen des Alterthums umgeworfen seyn würde. Unter den Gemälden der Jesuiten z. E. ist Epaminondas, wie er aus der Schlacht bey Mantinea getragen wird; und diesen Held hat er mit einer völligen Rüstung von Eisen, wie sie in den alten Thurnieren üblich war, vorgestellet. Auf einem andern ist ein Thiergefechte in einem Amphitheater, und der vorsitzende Prätor oder Kayser hat den Arm auf dem Griffe eines blossen Degens, wie die aus dem dreyßigjährigen Kriege sind, gestützet. Die größte Fruchtbarkeit der Ideen dieses Malers bestehet in ungeheuren Vasen, und seine Begriffe der Schönheit sind selbstmächtige langgezogene Figuren. Da nun in Rom diese Arbeit sehr durchgehends für das, was sie war, erkannt wurde, ließ sich dennoch vor zwey Jahren ein Engländer verleiten, für sechshundert Scudi von solchen Gemälden zu erhandeln.

Nach den Gemälden sind die schönsten Statuen, die merkwürdigsten Brustbilder und einige kleine Figuren zu berühren. Von marmornen Statuen verdienen außer den beyden zu Pferde, zwo weibliche Figuren in Lebensgröße, wegen ihres schön geworfenen Gewandes, betrachtet zu werden, die ihren Platz in der Gallerie bekommen. In dem Hofe des Musei stehet der Vater des Nonius Balbus, wie die erhaltene

Inschrift

Jochbeins an dem Gesichte derselben zeiget, mit einem Theile ihres Gewandes oder Mantels bis auf den Kopf geworfen, welches um denselben eine Scheibe zu geben, oben über der Stirne sich geknüpfet ist: Eben so geknüpfet ist das Gewand auf dem Kopfe der Tragödie auf der Vergötterung des Homerus im Pallaste Colonna. Dieses ist eine Kleinigkeit, die nicht verdienete, angemerket zu werden, die ich selbst auch kaum bemerket hätte, wenn nicht Cuper *) diese geknüpfte Zotte sich als etwas besonders vorgestellet und geglaubet hätte, hier denjenige zu finden, was die Griechen Ὄγκος nennen, welches ein Aufsatz von Haaren ist, der sich auf den Tragischen Larven heroischen Geschlechts, über der Stirne erhebet. Die Zeichnung zu seinem Kupfer hat ihn verführet: denn auf dem Marmor ist diese Spitze nicht so hoch, ist auch nicht in eine Zotte übergeschlagen, wie er es vorstellen lassen. Unter diesen ist eine Pallas in Lebensgröße vor allen andern Statuen in Marmor zu merken, und allem Ansehen nach ist dieselbe nicht hier gearbeitet worden, sondern muß weit älter seyn, und aus dem ältern Etrurischen Stile, oder nahe an denselben. Denn es hat dieselbe im Gesichte eine gewisse Härte und in der Kleidung gefältelte parallel Falten, als Zeichen von dem, was ich sage. Merkwürdig ist ihr Aegis, welcher am Halse gebunden und hernach über den Arm geworfen ist, um ihr an statt eines Schildes etwa in dem Streite wider die Riesen zu dienen: denn diese Göttinn ist hier wie im Laufe gehend, und hat den rechten Arm erhoben, um einen Wurfspieß zu werfen. Es ist auch zu Pompeji in gedachtem kleinen Tempel eine Diana gefunden, welche ungezweifelt hetrurisch ist. Diese wird umständlich in der Geschichte der Kunst beschrieben. Von Aegyptischen Werken hat sich eine kleine männliche Figur von schwarzem lauchgrünen Granite, mit einem sogenannten Modio auf dem Kopfe, gefunden, welche mit sammt der alten Base drey Palme und drey Zolle, Römisches Maaß, hält; es trägt dieselbe eine runde Tafel von eben dem Steine, die im Durchmesser zween Palme und sieben Zolle hat.

Hier

*) Apotheos. Homer. p. 81 seq.

Hier werden Sie Sich erinnern, Hochgebohrner Graf, daß in dem ergangenen Königlichen Befehle über den mir besonders ertheilten Zutritt ins Museum, durch Zeichen auf das, was erlaubt zu sehen ist, eingeschränkt war. Ich bestand damals nicht auf die Erklärung dieser Clausel; ich glaube aber, daß dieselbe theils von dem, was von Alterthümern in den Gewölbern unter dem Königlichen Schlosse liegt, zu verstehen sey, vornehmlich aber eine unzüchtige Figur betreffe. Zu jenen bin ich gelanget, da ich mir die Bekanntschaft des Aufsehers erworben hatte; die Figur aber wird niemanden, als auf eigenhändigen Befehl des Königs, gezeiget, und dieselbe hat noch niemand gesehen, folglich würde ich nicht der erste seyn. Es stellet dieses Werk in Marmor einen Satyr mit einer Ziege vor, welcher etwa über drey Römische Palmen groß ist, und man sagt, es sey sehr schön. Es wurde unmittelbar nach der Entdeckung verschlossen dem Könige nach Caserta, wo damals der Hof war, geschickt, und nachdem unverzüglich und verschlossen dem Königlichen Bildhauer zu Portici, Hrn. Joseph Canart, zur Verwahrung übergeben, mit gemessenem scharfen Befehle. Es ist also falsch, wenn sich einige Engländer rühmen wollen, dieses Stück gesehen zu haben.

Die größten Statuen in Erzt stellen Kaiser und Kaiserinnen vor, und werden an zehen seyn, alle über Lebensgröße; aber diese sind mittelmäßig, und es ist nichts an denselben zu merken, als an einigen der Ring an dem Goldfinger der rechten Hand an jenem, auf welchem ein Lituus gestochen ist. Die schönsten Statuen sind sechs weibliche Figuren, theils in Lebensgröße, theils kleiner, welche auf der Treppe zum Museo stehen, und drey männliche Statuen in Lebensgröße, in dem Museo selbst, nämlich ein alter Silenus, ein junger Satyr und ein Merkurius. Die weiblichen Figuren sind diejenigen, welche in dem Garten der Herculanischen Villa, nebst den Brustbildern von Marmor, wechselsweise um den großen Teich standen. Sie sind bekleidet und ohne viel Action, auch ohne besondere Zeichen, welche eine gewisse Benennung derselben veranlassen könnten; sie sind aber ähnlich, und haben alle ein Diadema.

Diadema. Die eine scheint im Begriffe, sich den kurzen Mantel auf der Schulter los zu knüpfen, oder denselben durch den Knopf befestiget zu haben; eine andere fasset sich an die Haupthaar; eine dritte hebet den Stock ein wenig in die Höhe nach Art der Tanzenden. Der Satyrus liegt auf einem Schlauche, über welchen eine Löwenhaut geworfen ist, und schlägt mit der rechten Hand ein Schnippchen, so wie eine Statue des Sardanapalus vorgestellet war. Der junge Satyr sitzt und schläft, so daß der eine Arm hängt. Der Mercurius aber, welcher unter allen Statuen zuletzt gefunden worden, ist der schönste unter allen: er sitzt ebenfalls, und das besondere sind dessen Flügel, welche an den Füßen gebunden sind, so daß der Heft von den Riemen, in Gestalt einer platten Rose, unter der Fußsohle stehe, anzuzeigen, daß dieser Gott nicht zum gehen, sondern zum fliegen gemacht sey.

Die Brustbilder sind theils in Marmor, theils in Erzt: jene sind alle in Lebensgröße, und stehen auch zur Zeit nicht in dem Musæo, sondern in einem Vorplatze der [illegible] [illegible] Wohnungen, wo dieselbe gelassen sind, um dem Castellane denjenigen Vortheil, welchen ihm dieselbe einbringen, nicht zu entziehen. Die merkwürdigsten sind ein Archimedes, mit einem kleinen kurzen Barte, welcher den Namen schon vor alters mit schwarzer Farbe oder Dinte angeschrieben hatte: vor fünf Jahren las man noch die ersten fünf Buchstaben APXIM. itzo aber sind dieselben durch das öftere Begießen fast gänzlich verloschen. Ein anderes männliches Brustbild hatte auch den Namen angeschrieben; es waren aber kaum noch drey Buchstaben ΛΘΗ sichtbar, die es itzo auch nicht mehr sind. An einem andern männlichen Kopfe ist der Bart unter dem Kinne in einen Knoten geschlungen, wie es ein Kopf im Campidoglio zu sehen hat. Unter den weiblichen Brustbildern ist eine schöne ältere Agrippina, welche einen Kranz um die Haare, von von länglichen Perlen, zusammengesetzt hat.

Die Brustbilder von Erzt sind theils in und über Lebensgröße, theils halbe Natur und unter dieser Größe, und in beyden, sonderlich in der ersten Art hat dieses Museum vor allen in der Welt den Vorzug. Von grossen Köpfen sind sechs verschiedene besonders zu merken, und zwar die drey ersten vornehmlich wegen der Arbeit an Haaren, deren Locken angelöthet sind. Der erste und der älteste (es zeiget derselbe den ältesten Stil der Kunst) hat funfzig Locken nur von einem Drate in der Dicke einer Schreibfeder gemacht: der zweyte hat acht und sechzig Locken, welche aber platt sind, und wie ein schmaler Streifen Papier, wenn es mit den Fingern zusammengerollet, und hernach auseinander gezogen würde; die untern am Halse haben zwölf Windungen; diese beyden sind von jungen Helden und ohne Bart: der dritte aber mit einem langen Barte hat nur die Seitenlocken angelöthet, und ist insbesondere wegen der Ausarbeitung zu bewundern, welche offenbar alles Vermögen und Geschicklichkeit unserer Künstler weit übersteigt; dieses ist eines der vollkommensten Werke auf der Welt; es ist unter die schönsten Dinge aller Art, die man sehen kann. Man nennet diesen Kopf insgemein einen Plato; es ist derselbe idealisch. Der vierte Kopf ist ein Seneca, und der schönste unter verschiedenen Bildern desselben in Marmor, von welchen der beste in der Villa Albani befindlich ist: man könnte ebenfalls behaupten, daß die Kunst in demselben für unsere Zeiten unnachahmlich sey, ob gleich Plinius berichtet, daß die Kunst in Erzt zu arbeiten unter dem Nero gänzlich gefallen sey. Die beyden andern sind Brustbilder von der ganz alten Form, und haben auf den Seiten zween hervorgehende bewegliche Kolben oder Haken von Metall zum tragen; das eine stellet einen jungen Held vor, das andere eine weibliche Person: sie scheinen beyde von eben denselben Meister zu seyn, und jenes ist mit dem Namen des Künstlers:

ΑΠΟΛΛΩΝΙΟΣ ΑΡΧΙΟΥ
ΑΘΗΝΑΙΟΣ
ΕΠΩΗΣΕ

„Apol-

„Apollonius, des Archias Sohn, aus Athen, hat es gemacht." In der Form des Worts ΕΠΩΗΣΕ habe ich an keinem Orte an der Geschichte der Kunst geredet. Dieses möchten Gelehrte aus der letztern Zeit der Kunst seyn. Marmorelli[1]) glaubet in dem Kopfe dieses Helden das Bild des Alcibiades zu finden; und warum? Weil der Künstler ein Athenienser ist. Ganz und gar keinen Grund aber hat der Römische Prälat und Erzbischof in partibus Bayardi[2]), in diesem Kopfe einen jungen Römer zu finden, so wie in dem weiblichen Brustbilde eine Römische Frau.

Unter den kleinen Brustbildern machen sich einige mit dem Namen der Person merkwürdig. Eins ist Epicurus und dem im Campidoglio befindlichen ähnlich; ein anderes ist von dessen Schüler und Nachfolger Hermarchus (ΕΡΜΑΡΧΟΣ) auch ein Zeno ist hier mit dessen Namen. Vornehmlich sind zwey Brustbilder des Demosthenes, das kleinere mit dessen Namen, zu merken, welches zur Bestätigung dieses Brustbildes angebracht ist; es kann also der in Spanien gefundene erhoben gearbeitete Kopf eines jungen Menschen ohne Bart mit eben dem Namen nicht den berühmten Athenienischen Redner vorstellen, für welchen ihn Fulvius Ursinus, und nach ihm andere genommen, als welcher noch nicht berühmt gewesen seyn kann, ehe er sich den Bart wachsen ließ.

Außer diesen Brustbildern finden sich in den Vorrathskammern des Musei eine Menge kleiner hoch erhabener Brustbilder von Erzt, auf einem runden Felde, wie auf einem Schilde, welche vermittelst einer angelötheten Klammer an der Mauer, oder an einem andern Orte konnten befestiget werden, und solche Art von Brustbildern hieß Clypeum[3]), von der Form eines Schildes: unter denselben stellen einige Kaiser und Kaiserinnen vor. Zwey von dergleichen Brustbildern, aber von Marmor und in Lebensgröße, befinden sich in der Villa Albani, und eines im Campidoglio.

1) De Theca Calamar. p. [illegible]
2) Catal. [illegible] p. [illegible]
3) Conf. Wesseling. [illegible] p. [illegible]

Unter den kleinen Figuren sind nicht weniger, als bey Statuen und Brustbildern, ganz besondere Dinge anzumerken, nicht aber vornehmlich in Absicht der Gebräuche, der Kleidung und des Schmucks. Da diese aber viele Mühe erfodern, die sich wenige Fremde nehmen, so verweise ich den Leser auf das vierte Capitel des ersten Theils meiner Geschichte der Kunst des Alterthums, und begnüge mich hier, einige Figuren, die allgemeiner in das Auge fallen, anzuführen. Die schönste und größte unter denselben und eine der letzten Entdeckungen ist ein Alexander zu Pferde, wo an der Figur ein Arm, und an dem Pferde ein paar Beine fehlen, die leicht zu ergänzen sind. Das Pferd wird mit der Figur etwa anderthalb Palmen hoch seyn, und giebt an Verständniß und in der Arbeit keiner von den übrigen Statuen und Figuren nach. Die Augen des Pferdes so wohl als der Figur sind von Silber eingelegt, auch der Zügel ist von Silber; es ist auch die Basis da, auf welcher das Pferd steht. Ein anderes Pferd von gleicher Größe, wovon aber die Figur verlohren gegangen, gehöret zu jenem, und ist nicht weniger schön. Beyde haben abgestutzte Mähnen, und ihr Gang ist in der Diagonal-Linie. Diese Stücke aber, weil sie noch nicht ergänzt sind, werden insgemein nicht gezeigt. Unter den Figuren, welche man die Fremden bemerken läßt, sind vornehmlich eine kleine Pallas und Venus, beyde etwa einen Palm hoch. Jene hält eine Schaale (patera) in der rechten Hand, und ihren Spieß in der linken: es sind an derselben die Nägel an Händen und an Füßen, die Buckeln auf dem Helme, und am Streifen an dem Saume ihres Gewandes mit Silber künstlich eingelegt. Die Venus hat goldene Bänder an Armen und Beinen (Armillae & Periscelides), welche aus Drat gewunden sind, und sie hebet stehend das linke Bein in die Höhe, als habe sie sich das Band angelegt, oder als wenn sie es ablösen wollte. Es ist auch eine Parodie, oder in das Lächerliche gesetzte Vorstellung des Aeneas mit dem Anchises auf seinen Schultern, und dem Julus an der Hand, zu merken: alle drey Figuren haben Esels-Köpfe. Neben diesem kleinen Gruppo steht ein Esel auf den Hinterfüßen mit einem Mantel umgeworfen, von Silber, noch nicht einen Zoll hoch. Die Liebhaber der Kunst und Kenner finden unter allen diesen Figuren einen Priapus ihrer vorzüglichen Betrachtung würdig. Es hat derselbe nur die Länge eines Fingers, aber die Kunst ist groß in demselben, und man könnte sagen, es sey eine Schule der zeichnenden Anatomie, die vermessen ausgeführet ist, daß Michael Angelo nichts bessers hätte geben können, und ich sehe in dessen Zeichnungen in dem Cabinet des Herrn Cardinals Alexanders Albani, daß er sich bemühet, Figuren von eben der Stellung so gelehrt auszuführen. Dieser Priapus machet eine Art von Gebährden, welche den Welschen sehr gemein, den Deutschen aber ganz und gar unbekannt ist: daher es mir schwer wird, mich zu erklären, und die Bedeutung derselben an der Figur zu beschreiben. Die Figur zieht mit dem Zeigefinger der rechten Hand auf den Backenknochen gelegt das untere Augenlied herunter, indem zugleich der Kopf nach eben der Seite geneigt ist; welche Gebährde den Neapolitanern in den Alten eigen gewesen seyn mag, und von vielfacher und Bedeutung ist. Diese Gebährde wird insgemein stillschweigend gemacht, und wenn man sagen wollte: Hüte dich, er ist sein ein Galgendieb, oder: er wollte mich anführen und ich habe ihn erwischt; oder zu sagen: du kömmst bey mir nicht! das wäre ein gefundenen Fressen für dich! Mit der linken Hand machet diese Figur das, was die Welschen eine Feige (welschicher Gebährde) Fica nennen, (der Brauch aber heißt allgemein Fico), welches Wort die weibliche Natur bedeutet, und wird gemacht durch den Daumen, welcher zwischen den Zeigefinger und zwischen den mittlern Finger gelegt wird, so daß derselbe zwischen beyden als eine Zunge zwischen den Lippen zu sehen ist. Man nennet dieses auch Far castagne, von der Gebährde, wenn man die Schaale der Castanien aufschläget, um dieselben zu sieden. Eben dieses macht ein kleiner Arm von Erzt, welcher auf dem andern Ende sich in einen Priapus (Glied) endiget, und es finden sich daselbst andere dergleichen ähnliche aber platt geschlagene Arme. Dieses waren, wie bekannt ist, Amuleta bey den Alten, oder Gehänge, welche man wider

das

das Beschreyen, wider ein böses Auge und wider die Zauberey trug, und es hat sich dieser lächerliche und schändliche Aberglauben noch itzo unter dem gemeinen Volke im Königreiche erhalten; wie man auch verschiedene dergleichen Priapen an Personen, die dieselbe am Arme oder auf der Brust tragen, sehen lassen. Es wird sonderlich ein halber Mond von Silber am Arme getragen, welchen der Pöbel Luna pezzuta heißt, das ist, der spitzige Mond, und dieser soll wider die fallende Sucht helfen. Es muß derselbe aber von selbst gesammleten Almosen gemacht werden, und man trägt ihn zum Priester, welcher ihn einsegnet. Dieser Mißbrauch ist bekannt, und wird geduldet. Vielleicht bezielten die vielen halben Monde von Silber, in dem Museo, zu eben diesen Aberglauben. Die Athenienser trugen dieselben an dem Fersenleder der Schuhe unter dem Knöchel. Unter den Priapen (Phallus) sind andere mit Flügeln und mit Glöckchen, welche an geschlossenen Ketten hangen, sonderlich sitzt das Glied auf dem Hintertheile eines Löwen: mit der linken Klaue kratzet er sich unter dem Flügel, wie es die Tauben machen, wenn sie verliebt sind, um sich, wie man glaubet, zur Wollust zu erhitzen. Die Glöckchen sind aus einem mit Silber vermischten Metalle, und das Geräusch derselben sollte vielleicht eine ähnliche Wirkung haben mit den Glocken a) an den Schildern der Alten; hier sollten sie Furcht erwecken, und dort etwa die bösen Geister zurück treiben. Die Glocken waren im übrigen auch Kennzeichen derjenigen b), die zum geheimen Gottesdienste des Bacchus waren eingeweihet worden.

Ich erinnere hier nur mit ein paar Worten, daß die mehresten Werke von Erzt in diesem Museo, da dieselben in der Ergänzung und Ausbesserung ins Feuer gebracht werden müssen, ihren alten ehrwürdigen Rost verloren haben, welches eine grünliche Oberhaut ist, die im Welschen mit dem Worte patina benennet wird. Man hat ihnen von neuem eine ähnliche Farbe gegeben, die sich aber von der alten Patina sehr unterscheidet,

a) Aeschyl. Sept. contra Theb. v. [illegible]

b) v. Descr. des Pierr. gr. du Cab. de Stosch, p. [illegible]

schreibet, und an einigen Stellen unvermuthet entdeckt. Man sagt, der Kopf des schönen Mercurius sey in hundert Stücken zerbrochen gefunden; welche Zahl man nicht strenge zu nehmen hat: aber auch in der geringsten neuern Ergänzung stechet die alte Beschädigung ab, und es würde einen Uebelstand verursachen, die Fugen sichtbar zu lassen. Daher ist man genöthiget, die Wirkung des Alterthums, so gut man kann, nachzuahmen, man hat auch der aus Erde ausgegrabenen Arbeit nachhelfen müssen.

Von Inschriften, welche ich an diesem Orte anzuführen gesagt habe, will ich besonders zwo anführen; die erste ist noch nicht bekannt gemacht; die letzte giebt Martorelli in seinem zweymal angeführten Buche, welches aber itzo nicht leicht jemandem, auch selbst in Neapel, zu Gesichte kommen wird. Jene stehet auf der Mauer eines Hauses, welches völlig heraus gebracht ist, und in die Zimmer der alten Gemälde gesetzet worden; es enthält dieselbe eine Ankündigung von Verpachtung von Bädern und von Buden und Speise-Orten, und ist die einzige in ihrer Art.

IN PRAEDIS IVLIAE SP. F. FELICIS
LOCANTVR
BALNEVM VENERIVM ET NONGENTVM TABERNAE
PERGVLAE
CAENACVLA EX IDIBVS AVG PRIMIS IN IDVS AVG SEXTAS
ANNOS CONTINVOS QVINQVE
S. Q. D. L. E. N. C.
A. SVETTIVM VERVM AED.

Auf dieser Mauer war vorher eine andere Inschrift in schwarzer Farbe, und vermuthlich eine Pacht-Ankündigung, gemahlt, über welche gegenwärtige Inschrift mit rother Farbe gesetzet ist. Ich habe nur in einigen Buchstaben die eigentliche Form derselben angegeben, weil ich die Inschrift ganz verschieden habe entwerfen müssen, indem es nicht möglich war,

F dieselbe

dieselbe offenbar nachgegraben. Die einzelnen Buchstaben der siebenten Reihe, werden eine damals bekannte Formel gewesen seyn, und erklären etwa also zu erklären:

Si Quis Dominam Loci Eius Non Cognoverit
Adeat Suettium Verum Aedilem.

das ist, „Sollte jemand die Besitzerinn dieses Orts oder Guts nicht „kennen, derselbe kann sich melden bey dem Aedilis Suettius Verus„. Die Besitzerinn hieß Julia; ihr Vater Spurius Felix. Die Pachtungen wurden bey den alten Römern, wie hier, insgemein auf fünf Jahre geschlossen, wie man sich in den Digesten belehren kann. Pergula war in der gewöhnlichen Bedeutung das, was wir eine Laube nennen würden, und diese werden in den südlichen Ländern von Italien insgemein mit Traubenholz gebundenen Rohrstäben sehr zierlich gemacht; dieses Rohr aber ist ungemein stärker und länger, als in Deutschland und in andern Ländern jenseits der Alpen, theils weil es hier stärker wächst, vornehmlich aber, weil es gepflanzet, und der Boden umher behauen und locker gemacht wird, und weil es überhaupt mehr Wartung hat: es wird daher ein Rohrfeld als ein nöthiges und nützliches Grundstück bey Landgütern angesehen. In und um Rom wird aller Wein an Rohrstäbe gebunden. Die übrigen Bedeutungen von dem Worte Pergula, welche hieher nicht gehören, kann man anderwärts [1]) finden. Coenacula sind hier Zimmer bey Trink- und Speisehäusern für diejenigen, welche sich ein Vergnügen zu machen gedachten. Man merke hier bey Gelegenheit eine Inschrift, welche zwar in dem Register des Gruterischen Werks angeführet ist, aber ohne Anzeige des Orts, wo dieselbe stehet:

HVIVS MONVMENTI ET QVA MACERIA
CLVSVM EST. CVM TABERNA. ET COENACVLO
HEREDES NON SEQVATVR.
NEQVE INTRA MACERIAM HVMARI
QVEMQVAM LICET.

Es

1) Salmas. Exerc. in Spartian. p. [illegible] f. p. [illegible] f. oder Voss. Etymol. v. Pergula.

Es ist deutlich an der Ueberschrift des Herculis Conservatoris, der Albani Stuhl, an einem Thurme eingemauert.

Einige andere Inschriften haben zum Theil ihre Erklärung nöthig; wo aber etwas zu merken ist, bemerke ich es unten.

IVLIA GERM.....
AGRIPPINAE TI. CLA ....
PONT. MAX ....
L. MAM ...

DIVAE AVGVSTAE
L. MAMMIVS MAXIMVS P. S.

ANTONIAE AVGVSTAE MATRI CLAVDI
CAESARIS AVGVSTI GERMANICI PONTIF. MAX.
L. MAMMIVS MAXIMVS P. S.

Auf einer Tafel von Erzt stehet:

MAMMIO MAXIMO
AVGVSTALI
MVNICIPES ET INCOLAE
AERE CONLATO

BALBI [illegible]
LOCVM SEPVLTVR
D. D.

Q. LOLLIVS SCYLAX ET
CALIDIA ANTIOCHVS MATER
M. CALIDIVS NASTA IOVI
V. S. L. M.

THERMAE
M. CRASSI FRVGI
AQVA MARINA ET BALN.
AQVA DVLCI IANVARIVS L.

Folgende Inschrift auf dem Postamente zu einer Statue, vermuthlich der Venus, ist nicht aus den Herculanischen Entdeckungen, sondern bey Bajä gefunden, und stehet in dem Hofe des [illegible].

VENERI PROBAE SANCTISS. SACR.
TI. CLAVDIVS MARCION.
[illegible]
[illegible]
[illegible]
[illegible]
[illegible]

Diese Inschrift ist von der spätern Zeit, und das Sylbenmaaß ist sehr unrichtig, wie es sich in andern Inschriften gleiches Alters findet. Die letzte Zeile ist sehr dunkel. Martorelli p. 373. liest dieselbe in folgender Ordnung: Salve Venus, opus est non cenare cum illustri melle [illegible], salve; und erkläret dieselbe also: heus nos commissari [illegible] cum [illegible] gente illustri eleganterque forma praedita. Diese seine Erklärung beziehet sich auf die [illegible] Bedeutung des Worts cenare, welches er beym [illegible] in der Geschichte auf das Abendessen des Augustus (Aug. c. 72.) [illegible] genannt, wo die [illegible] Personen, [illegible] Götter und Göttinnen, und [illegible] zu finden vermeynet. In demselben heißt der zweyte Vers:

Dum nova Divorum cenat adulteria.

Er beruft sich auf den Martial, wo dieses Wort an vielen Orten in dieser ungewöhnlichen Bedeutung stehe; die ich aber nirgend bey diesem Dichter finde.

Auf

Auf einem geschnittenen Steine stehet mit erhabenen weißen Buchstaben:

ΛΕΓΟΥΣΙΝ Sie reden,
ΑΘΕΛΟΥΣΙΝ was sie wollen,
ΛΕΓΕΤΩΣΑΝ mögen sie reden:
ΟΥ ΜΕΛΙ ΜΟΙ was kümmerts mich.

Unter vielen so genannten Siegeln oder Marken in Erzt, will ich nur eines anführen, wegen der in einander gezogenen Buchstaben

[illegible]
M. STATILII PHILERONIS.

In diesem ersten Theile des zweyten Stücks dieses Sendschreibens folgen nach den Sachen der Kunst an andern Nachrichten, die Geräthe, welche ich unter zwo Arten fassen will, so daß ich zuerst die [illegible] zeigen, und zum zweyten die Geräthe, welche der Gottesdienst und die Ueppigkeit eingeführet, berühre.

In der ersten Art fange ich an bey dem Becher, (welches mir erlaubt sey, unter diesem Titel zu begreifen), wovon sich zwey völlig erhalten finden, und von gleicher Größe, einen Palm und zwo Zolle im Durchschnitte, und fünf Zolle in der Höhe. Beyde haben acht Einschnitte, das ist, sie sind zu acht ins Kreuz getheilet, und diese vier Theile sind von neuem durchschnitten; so wie zween Becher auf einem Herculanischen Gemälde [1]) gestaltet sind. Derjenige, welcher zuerst gefunden ist, wurde in Kupfer gebracht, in einer sogenannten Nachrichten vom Herculano [2]), welche Venuti verfasset hat. Eben so gestaltet waren die Becher der ältesten Griechen, die daher [illegible] vom Hesychius genennet werden, das ist, wie es andere erklären, die acht Einschnitte haben. Zuweilen aber waren die Becher quer ins Kreuz geschnitten,

1) Pitt. Erc. T. 1. p. [illegible]
2) Notiz. Sopra l'Ercol. [illegible] Vol. [illegible] p. [illegible]

schnitten, wie ich an einem andern Orte [3]) angemerket habe, und ein solches Brodt hieß daher Quadra [4]).

Et mihi dividuo findetur munere quadra.

bey den Griechen τετράτρυφος [5]); woraus die Redensart kam, alienâ vivere quadra, „von anderer Tische leben."

Zu dem Brodte setze ich die Weingefäße, welche von zweyfacher Art sind, die größeren hießen Dolia, und die kleineren Amphorae, und beyde sind von gebrannter Erde. Den Alten waren Tonnen von Stäben oder Tauben gebunden nicht unbekannt: Es findet sich in dem Museo des Collegii Romani eine erhobene Lampe, auf welcher zwo Personen eine Tonne mit Reifen gebunden an einer Stange tragen; man siehet dergleichen auf geschnittenen Steinen, wie ich anderwärts [5]) gemeldet habe, und auch auf der Trajanischen und der Antoninischen Säule: aber der Gebrauch derselben scheinet nur vornehmlich im Felde gewesen zu seyn. An statt unserer Fässer hatten die Alten Dolia, in Gestalt eines runden Kürbis; und dieselben hielten [illegible] Amphorae, wie dieses Maaß auf einem solchen Gefäße in der Villa Albani eingeschnitten zu sehen ist. Von dieser Art war das sogenannte Faß, worinnen Diogenes wohnete, und welches derselbe in der Belagerung von Corinth auf und nieder wälzete. Die Mündung ist etwa einen Palm im Durchschnitte. Im alten Herculano wurde ein Keller entdecket, und mehrere solche irdene Fässer eingemauert; woraus zu schließen wäre, daß die Alten ihren Wein verschieden von unserer Art gemacht. Denn der Wein konnte nicht aus der Kelter unmittelbar in das Faß laufen, wie an einigen Orten geschiehet, wo derselbe Raum zu gähren und zu brausen hat. Es mußte der Most in diese unbewegliche Gefäße mit Eimern geschüttet werden; und da dieselben nicht viel fassen konnten, so konnte kein Raum zum gähren für den Most gelassen seyn. Hieraus wäre zu begreifen,

3) Descr. des Pier. gr. du Cab. de Stosch, p. 72. 73.
4) Bulling. [illegible] in Graevii Thes. [illegible] p. [illegible] ed. Lugd. 1725. [illegible]
5) Descr. etc. p. [illegible]

woraus der Wein ohne Wasser viele Jahre müssen aufbewahret werden, so daß der Wein zu Albano bey Rom, nach dem Plinius, allererst nach zwanzig Jahren getrunken wurde, welcher itzo im ersten Jahre trinkbar und gut wird. Es scheint daher fast schwer, daß der Wein ihrer Weine vor ein hohes Alter derselben nicht getrunken wären, welches sie nöthigte, den Wein auf der Tafel aber vorher durchzuseigen, durch ein Werkzeug welches Ἠθμὸς, Colum Vinarium heißt: zwey von denselben finden sich in dem Herculanischen Museo, aus weißem Metalle, auf das zierlichste gearbeitet. Es sind zwo runde tiefe Schälchen, einen halben Palm im Durchmesser, mit einem platten Stiele, so daß eine ganz genau in die andere passet; auch die Stiele schließen sie dicht an einander, daß es nur ein einziges Gefäß scheinet. Das obere ist nach einem besondern Muster völlig durchlöchert, und durch dasselbe wurde der Wein zum erstenmal gegossen in die untere Schale, die nicht durchlöchert ist, und von dieser in den Becher.

Die kleinen Weingefäße, Amphoren, sind bey nahe Walzenförmig, so daß das untere Ende spitzig zugeht, und oben haben sie zween Henkel. Im Herculano und zu Pompeji sind verschiedene mit angemalter Schrift gefunden, und ich erinnere mich der Inschrift auf einem derselben:

HERCVLANENSES

NONIO....

Die Herculaner setzten den Namen des Nonius, ihres Patrons, auf ihre Gefäße, wie die Römer die Namen ihrer Consuls. Es war noch vor einiger Zeit in diesen Gegenden der Gebrauch, wenn ein Kind geboren wurde, einige Gefäße mit Wein anzufüllen, und verschlossen stehen zu lassen, bis sich dasselbe verheyrathete. Diese Gefäße sind unten spitzig, um dieselben in die Erde fest zu stellen, und man hat auch zu Pompeji einige in Löchern eines platten Estrichs in einem Keller stehen gefunden. Dieser Keller ist durch das platte Gewölbe, aber durch eine Hauptmauer, von acht Römischen Palmen dick, in zween Räume, einen

andern

unten und einen oben, gehalten: das Gemählde von dem obern Rande ist correct, aber geschmückt, und ein jedes hat nicht mehr als Mannes Höhe. Der Wein in einem dieser Gefäße ist wie versteinert, und braunschwarz von Farbe, welches zu glauben veranlasset hat, daß dieses Behältniß also angezeiget werden, den Wein zu räuchern, wie die Alten pflegten, um denselben zu reinigen und geschwinder zur Reife zu bringen: mir aber scheinet der niedrige Rand des andern Kessels dieses zu widersprechen. Der in einen solchen Körper verwandelte Wein wird in dem Museo gezeiget.

Ferner gehören zu dieser Art Geräthe die Dreyfüße, nicht wie diejenigen sind, von welchen ich reden werde, sondern wie dieselben anfänglich waren, wenn ich Gefäße von drey Füßen verstehe, wie der Tisch des Philemons und der Baucis in der Fabel ist, auf welchem Jupiter sich gefallen ließ zu speisen.

. . . mensam succincta tremensque
Ponit anus, mensae sed erat pes tertius impar;
Testa parem fecit.

Ovid. Metam.

Denn Dreyfüße hießen bey den Griechen nicht allein, die über Feuer gesetzet wurden, sondern auch Tische, und so hießen diese noch in den spätesten Zeiten, wie wir aus den zwölfjährigen Verzeichnissen des Ptolemäus Philadelphus zu Alexandrien, und Antiochus Epiphanes, zu Antiochia, welche beym Athenäus beschrieben sind, ersehen: diese hießen 1) ἄπυροι, die andern 2) ἐμπυριβήτας und [illegible].

Unter den Dreyfüßen aber, welche bey den Opfern dieneten, sind hier zween unter den herculanischen Entdeckungen besonders zu melden, beyde etwa drey Palmen hoch. Der eine ist im Herculano gefunden, und die drey Füße desselben haben drey Priapen, aber mit Ziegenfüßen,

1) Casaub. in Athen. Deipn. [illegible]
2) [illegible]

Faßen, welche an jedem in einem Fuß vereiniget sind. Die Schwänze derselben von hinten an dem heiligen Baue stehen gerade und horizontal, und schlingen sich um einen Ring in der Mitte des Dreyfußes, wodurch derselbe, wie durch das Kreuz an gemeinen Tischen, zusammen gehalten wird. Der andere Dreyfuß wurde später, als jener, zu Pompeji, wie ich gemeldet habe, gefunden, und ist wunderbar schön gearbeitet. Auf den Füßen, wo dieselben sich krümmen und die Ecke machen, sitzet auf jedem ein Sphinx, deren Seitenhaare, welche über die Backen herunter hängen würden, herauf genommen sind, so daß sie unter das Diadema gehen, und über dasselbe wiederum herunter fallen. Es können dieselben, sonderlich an einem Dreyfuße des Apollo, ihre allegorische Deutung auf die dunkeln und räthselhaften Aussprüche des Orakels desselben haben. An dem breiten Rande um der Pfanne umher sind abwechselnde Köpfe von Widdern mit Blumenkränzen zusammen gehänget, erhoben gearbeitet; und alle Stücke an demselben sind mit Zierrathen geschmücket. In diesen beiden Dreyfüßen war die Pfanne, in welche die Kohlen geschüttet wurden, voll gebrannter Erde, welche sich in dem einen, ehemals dem Porticianischen, mit sammt der Asche, erhalten hat. In einem Tempel des Herculanum, dessen Entdeckung, ich weiß nicht aus was Ursache, nicht vollendet wurde, fand sich im vorigen Jahre 1761. eine große vier eckigte Feuerpfanne oder ein Herd von Erzt, von der Art, welche in Italien in große Zimmer, dieselben zu heizen, gesetzt werden; es war dieselbe in der Größe eines mäßigen Tisches, und stand auf Löwenfüßen. Der Rand desselben ist mit Laubwerke von verschiedenem Metalle, Kupfer, Erzt und Silber künstlich eingelegt. Der Boden desselben war ein starker eiserner Rost, welcher oben auswendig so wohl als inwendig mit Ziegeln beleget und ausgemauert war, so daß auch die Kohlen den Rost von oben nicht berühreten, und nicht durch denselben unterwärts fallen konnten. Es ist dieses Werk aber völlig zerstückt heraus gebracht.

Zu nothwendigen Geräthen gehören auch die Lampen, in welchen die Alten, da gezogene oder gegossene Lichte wenig und nicht allgemein lich waren, Zierlichkeit und auch Pracht anzubringen suchten. In dem Museo sind von allen Arten derselben, so wohl von gebrannter Erde, als vornehmlich von Erzt, und da die Bilder ihrer Zierrathen selten ohne Bedeutung sind, so finden sich auf denselben besondere Anspielungen. Außer denen von gebrannter Erde findet sich die größte eine Hand hoch mit sieben Schnäbeln zu so viel Dochten auf jeder Seite. Das Gefäß, Oel in irdene Lampen zu gießen, ist wie ein Schiffchen gestaltet, oben zu und gewölbet, mit einer spitzigen Schnauze, und auf dem andern Ende mit einem kleinen etwas hohlen Teller, durch dessen Mitte in dieses Gießgefäß Oel hinein gethan wurde. Unter denen von Erzt sitzet auf dem hintern Ende der einen von den größten Lampen eine Fleder- maus mit ausgebreiteten Flügeln, als ein Sinnbild der Nacht: die Flügel sind mit ihrem ganzen feinen Gewebe von Schuppen, Aederchen und von Härchen auf das künstlichste ausgearbeitet. Auf einer andern sitzet gegen die Schnauze zu eine Maus, welche zu lauern scheinet, um Oel zu lecken, und an eben dem Orte sitzet auf einer andern Lampe ein Caninchen, welches Kraut frißt. Die Pracht in ihren Lampen siehet man an einem Geräthe von Erzt: auf einer viereckigten ausgeschnitzten Base stehet ein nackendes Kind von zween Palmen hoch, welches eine Lampe hält, die an drey zierlich geflochtenen Ketten hängt; mit der andern Hand hebet es eine andere Kette, wie jene sind, in die Höhe, an welcher ein Haken zum Dochte hängt. Neben demselben stehet eine Säule mit Reifen, die schneckenförmig gewunden sind, und oben auf der- selben an statt des Capitäls liegt eine Larve, die gleichfalls zur Lampe die- net, so daß der Docht aus dem Munde gieng, und das Oel wurde in dem Wirbel des Kopfs hinein gegossen, welche Oeffnung durch ein Kläppchen verschlossen ward.

Die Träger der Lampen sind die Leuchter der Alten, (Candelabra) welche vor unsern [illegible] waren, und diese sind gleichfalls auf das zierlichste ausgearbeitet: der Schaft ist gereift; der untere Teller ruhet insgemein auf drey Löwenklauen, und dieser so wohl, als der obere Teller,

sind

sind auf der Drehbank ausgearbeitet, und mit zierlichen Eyern am Rande, nebst Blumenwerk auf der Fläche gearbeitet: der untere Teller des größten Leuchters hat einen Palm und einen Zoll Rheinisches Maaß im Durchmesser. Ich glaube, daß sich an hundert in dem Museo befinden, und der größte ist achtehalb Palmen hoch. Ganz Rom hat keinen einzigen Leuchter von Erzt aufzuweisen. Durch dieselben verstehen wir itzo, wenn Vitruvius unter den Klagen über den verderbten Geschmack seiner Zeit saget, daß man Säulen mache wie Leuchter, das ist, so wie er und außer dem Verhältnisse, wie der Schaft der Leuchter.

Ein merkwürdiges Geräthe sind auch die Waagen, von welchen sich keine mit zwo Waagschalen, wie man sie auf einigen Münzen siehet, weder in diesen Entdeckungen noch anderwärts gefunden haben; sie sind alle wie die wir [illegible], von Latin, statera, das ist ein Waagebalken oder Stange, auf welchem das Gewicht im Verhältnisse wächst, je näher es gegen das Ende des Balkens geschoben wird. Dieses Gewicht ist insgemein ein kleines Brustbild einer Gottheit: an einer Waage ist es ein Kopf einer Minerva, wie man auf Münzen sieht. Auf einer Waagestange liest man TI. CLAVD. EXACT. CVRA. AEDIL. Diese Waagen haben alle eine Waagschale, an statt des Hakens an den unsrigen von dieser Art, und diese Schale hänget an drey oder vier künstlichen Ketten, welche durch eine runde Platte gezogen sind, um die Ketten näher oder weiter von der Schale zusammen zu halten. Gewichte finden sich in dem Museo in großer Menge und von aller Art; ich will aber nur zwey platte länglich eckigte Gewichte von Bley anführen, so wie sie noch itzo bey Fischverkäufern in diesen Gegenden gebräuchlich sind: auf einer Seite stehet in erhabenen Buchstaben: EME; und auf der andern: HABEBIS.

Die Waagschalen erinnern mich der Stücke eines Rades vom Wagen, welche in dem Hofe des Musei liegen, nämlich einer Radschiene aus einem Stücke geschnitten, welche sechs Römische Palmen im Durchmesser hat, und nicht völlig zween Zoll breit, aber ein Zoll dick ist: das

Holz, welches an dem Eisen hängen geblieben, ist versteinert. Ferner hat sich von diesem Rade ein Stück der Nabe, welche um die Axe läuft, erhalten, die umher mit Eisen beschlagen, und über das Eisen mit einer Platte von Erzt beleget ist, und diese ist mit platten Nägeln von Erzt befestiget. In dem Rade selbst findet sich ein Löwenkopf auf einem Stücke einer Platte von Erzt, aus welcher er hervor springt, dessen Maul nicht durchgebohret ist, und also nicht kann gedienet haben, das Wasser eines Brunnen oder in Bädern aus denselben laufen zu lassen. Ich muthmaße, daß dieses Stück von einem Capitel sey, welche auf der Axe vor dem Rade aufgeschoben wurde, damit dieses nicht ablaufen konnte, an dessen Stelle an den gemeinen Wagen, wie bey uns, eiserne Nägel vorgestecket werden, die im Welschen acciarini heißen, und bey den Griechen [illegible], [illegible] und [illegible], und die vorwärts gebogene Platte auf denselben, den Staub abzuhalten, war bereits zu des Homerus Zeiten, und sieht ¹) angezeigt. Wir sehen das äußerste Ende der Axe mit solchen Capiteln, die einen erhobenen Löwenkopf haben, verwahret, auf einigen alten Werken, und namentlich an dem Triumphwagen des Marcus Aurelius im Campidoglio; folglich sind auch dergleichen vorgeschriebene Capitel von Erzt, die zu unsern Zeiten sonderlich an Reisewagen in Gebrauch gekommen, nichts neues, und der ältern ihre waren vorzüglich von Erzt. Es waren auch die Deichseln der Wagen an dem äußersten Ende mit einem geschnitzten Thierkopfe gezieret, und mich dünkt, daß Herr Graf Caylus sich irre, wenn er behaupten will, es hätten die Wagen in den Wettläufen der Alten keine Deichsel gehabt ²), worüber ich das Gegentheil zu seiner Zeit und Ort weitläuftig erweisen will; hier führe ich einen angezeigten Stelle des Pindarus ³) zu dessen Belehrung an. Solche Deichsel kann man in der Chione des Cephalus und dem Hippolytus des Euripides finden.

Ich

1) [illegible]

2) [illegible] p. LXXIX.

3) [illegible] v. 147 seq.

Ich war nicht gesonnen, hier von dem Gerüste an den Thüren der Alten zu reden, wovon ich die ausführlichen Anmerkungen bis zur zweyten Auflage meiner Anmerkungen über die Baukunst versparen wollte, ich kann mich aber dennoch nicht enthalten, etwas davon zu berühren. Man muß erstlich wissen, daß die Thüren der Alten in keinen Hespen hiengen, sondern sich unten in der Schwelle und oben in dem Balken bewegten, und dieses vermuthlich heißen, was wir Thürangeln, (Cardines) oder ihre Begriffe, nennen, es findet sich auch in keiner neuen Sprache ein bequemes und bedeutendes Wort dazu. Derjenige Balken der beweglichen Thüre, welcher an der Mauer stehet, war unten und oben in eine Capsel von Erzt gesetzt, die inwendig einen hölzernen Fütterung hatte, um zu verhindern, daß sich das Holz in derselben nicht reiben könnte. Diese Capsel ist gewöhnlich ein Cylinder; es finden sich aber auch viereckigte, welche auf allen Seiten zween vorspringende Pfalze haben, um die Bretter, aus welchen solche Thüren zusammen gesetzt waren, auf allen Seiten zu befestigen, welche Thüren inwendig hohl waren. Das viereckigte Stück ist also gestaltet:

Diese Capsel stand auf einer runden Platte von Erzt, welche die Form  zeigete, und oben und unten ein Ring eingegossen war, und auf dieselbe lief die Capsel dergestalt, daß, wenn dieselbe unten eine halbe Kugel (A) hatte, in der Platte eine hohle Vertiefung war, in welche das convexe Theil lief, wie an der Thüre des Pantheon; und wenn die Capsel unten offen war, so hatte die Platte eine erhabene Halbkugel, die genau in die Oeffnung der Capsel passete. Diese Capsel nebst der Platte hieß Cardo. Es finden sich in dem Museo einige von einem Palme im Durchmesser, welche von der Größe der Thüren zeugen, und sie wiegen gewiß, wenigstens [illegible] Pfund. Durch diesen Begenau werden manche Stellen der alten Scribenten deutlicher werden, bis es nicht seyn konnten, in einer wenigen oder gänzlichen Beschreibung von diesem Theile der Thüren. Wenn die Thüren der Alten aus zween Schlägen (bivalvae) waren, so sprang entweder jeder Schlag besonders auf den schmalen Wand in Angeln, wie an dem Pantheon zu Rom, oder sie verhalten sich wie auf einer Seite, und die Thüre konnte zusammengeschlagen werden. Diese geöffneten Thüren liegen sich, vermittelst einer Art von Haspen von Erzt, deren Gewinde unterhalb des Holzes, oder Schieber, lag; die beyden sich zu bewegenden Stäbe mehr Angeln aber waren nicht zu sehen, und auf beyden Seiten von der gedoppelten Thüre befindet. Dieses siehet man deutlich an einer Thüre mit ihren Angeln, wo auf beyden Seiten der Stäbe versteinertes Holz angehänget geblieben ist.

Ich schließe diese Gemächer mit einer Art von Sohlen, welche von Stricken zusammengeleget waren, die sich in verschiedener Größe für Kinder und für erwachsene Personen gefunden haben, so wie noch itzo die Spanier dergleichen Art Sohlen unter den Fuß binden.

Unter den Geräthen von der zweyten Art fange ich an, von einigen besondern Gefäßen, und die vornehmsten und schönsten sind diejenigen, welche zu heiligen Gebräuchen und Verrichtungen dieneten oder bestimmet waren. Eins von der zierlichsten Arbeit scheinet ein Wasserkrug bey Opfern (praefericulum) gewesen zu seyn, welches zween Palmen und zween Zolle hoch ist, mit einem beweglichen Bogenhenkel zum tragen, welcher niedergelassen genau an den Rand desselben passet, und wie das Gefäß selbst, auf der breiten Seite mit Laubwerk, und auf dem äußern Rande mit anderen Zierathen geschmücket ist. Unter diesem Henkel hat dasselbe zwo große und zwo kleine Handhaben; zum Bilden, wo sie inwendig anliegen, ein erhobenes Brustbild, welches auf einem Schwane mit ausgebreiteten Flügeln getragen wird, alles in erhabener Arbeit: die anderen und kleineren Handhaben endigen sich unterwärts in Schwanenhälse. Dieses Gefäß wurde bey nahe ganz mit geschmolzenen Eisen unge-

umgeben gefunden, woran man ein Siegel, welches den Eindruck des Bacchus zeiget, entdecket hat. An dem Orte der Entdeckung fand sich ein Haufen eiserner Nägel, welche noch nicht gebraucht waren, nebst ein paar Dintenfässer voll Dinte, so daß hier schon ein Kramladen gewesen zu seyn. Es wurde auch die große goldene Münze des Augustus hier gefunden, die zu Ende des Vorberichts zu dem zweyten Bande der Herculanischen Gemälde in Kupfer gestochen ist. Auf einem solchen Gefäße, welches wenig kleiner und von eben der Form ist, stehet an der untern Befestigung einer Handhabe die Liebe mit einer Trinkschaale, (Cantharus) in einer Hand, und in der andern mit einem Horne zum trinken, erhoben gearbeitet: die Schaale, das Horn und die Flügel sind von Silber. Es sind auch Formen von gebrannter Erde gefunden, in welchen die Handhaben der Gefäße gegossen worden. Hier fällt mir ein ein länglich rundes Gefäß, wie ein kleiner Eimer von Silber, mit einem Henkel zum tragen, auf welchem, wo ich nicht irre, von getriebener Arbeit Hylas vorgestellet ist, wie er von den Nymphen entführet wurde, da ihn Hercules ausgeschickt hatte, Wasser zu holen.

Eine andere Art von heiligen Gefäßen waren die Opferschaalen (Paterae) zur Libation, und doch sind hier unzählige, und die mehresten von weißem Metalle, und auf das zierlichste auf der Drehscheibe von außen so wohl als von innen ausgearbeitet. In einigen ist in der Mitten eine Art Münze mit erhabener Arbeit gelöthet; und ich erinnere mich einer Victoria auf einer Quadriga. Der Stiel derselben ist rund, und insgemein der Länge nach mit holen Streifen umher, und endiget sich in einen Widderkopf; einige haben an dessen Statt einen Schwanenkopf und Hals. An einer der größten und schönsten, welche neben dem schönen Pompejanischen Dreyfuße liegt, ist der Stiel ein stehender Schwan, durch dessen ausgebreitete Flügel derselbe an der Schaale befestiget ist. Bisher sind Schaalen von dieser Art nur für Opferschaalen gehalten; durch eine hiesige Entdeckung aber findet sich, daß dieselben von eben der Form auch in Bädern gebrauchet worden, und daher durch ein Gebrauch

von

von Schabezungen (Strigiles), die mit einem Bande, oder mit einem breiten Stücke, in einen platten Ring von Erzt, wie wir es an Schlüsseln zu sehen pflegen, eingehänget waren: diese werden also gedienet haben, das Wasser über den Leib zu gießen. Andere, aber unsere Schaalen mit einem breiten Stiele, waren Küchengeräthe, und denen ähnlich, die wir über die Castrole setzen.

Unter manchen hiesigen Entdeckungen, welche uns überzeugen, daß wenig neues gemacht wird, was nicht ehemals schon gewesen, sind auch silberne Tassen, ähnlich unsern und ebene Schaalen, von eben der Form und Größe, wie die unsrigen zum Thee sind, und jene sind außerordentlich schön gearbeitet und geschlagen. Diese Gefäße hatten eben den Gebrauch, wie die unsrigen itzo; sie dieneten zum warmen Wasser trinken, und es waren bey den Alten eigene Häuser, wo man dasselbe nahm, wie unsere Caffehäuser. Es sind drey Paar derselben in dem Museo.

Diese silbernen Schaalen geben Gelegenheit, von einem Gefäße von Silber zu reden, welches die Form eines Mörsels hat, und etwa anderthalb Pfund wieget. Auf demselben ist in flach erhobener Arbeit Homerus, auf einem fliegenden Adler getragen, vorgestellet, welcher sich mit der rechten Hand das Kinn unterstützet, und wie in tiefen Betrachtungen mit erhabenem Haupte; in der linken hält er eine gerollete Schrift, das ist, sein Gedicht. Unter dessen Haupte schweben Schwäne unter hängenden Blumenkränzen. Dieses Gefäß hat Hr. Graf Caylus, aber ohne das folgende, in dem dritten Bande seiner Sammlung von Alterthümern vorgestellet, so wie es ihm aus dem Gedächtnisse gezeichnet mitgetheilet worden. Auf beyden Seiten sitzen unterwärts zwo weibliche Figuren auf Laubwerke von Eichen; die zur Rechten ist bewaffnet mit Schild und Spieß, nebst einem kurzen Degen unter dem Arme, und bildet die Ilias ab; die zur Linken, mit einem [illegible] Hute ohne Krempen, wie Ulysses, schläget ein Bein über das andere, und berühret die Stirn mit der rechten Hand, wie voller tiefen Gedanken, und stellet die Odyssea vor.

Mar-

Martorelli hatte diese Figuren für Weiber angesehen [1]), welches er in den Zusätzen seines Buchs [2]) verbessert. Aber Herr Bajardi, welcher vornehmlich zu Beschreibung dieser Schätze bestellet war, und dieselben mit mehr Muße als andere sehen und betrachten konnte, machet unverantwortlich aus dem Homerus einen Julius Cäsar [3]), welcher, wenn ihm dessen Bild auch nicht bekannt gewesen wäre, wenigstens keinen Bart getragen hat. Neben Cäsar setzt er zur Seite eine weinende Roma, welche er sich an der Ilias vorstellet, und aus der Odyssee weiß er nichts zu machen, als einen Soldaten. An einem andern Orte machet er einen Hercules, welcher nach den Stymphalischen Vögeln schießet, einen Jäger der Wasservögel: Weiber und Männer verwechselt er mehr als einmal. Auf einer kleinen runden silbernen Platte ist von getriebener Arbeit ein Comus, welcher eine Leyer spielet: dieser erinnerte mich bey dem ersten Anblicke denjenigen Silbergriffel vom Silberbild unter den Steinen des C. Nanni, an dem man, wie Cuper sagt, erkannte, daß er nur für sich selbst spiele, ohne sich zu bekümmern, von jemand gehöret zu werden: eben so verhält sich diese Figur in ihrer Harmonie.

Gefäße, die der Ueberfluß erfunden, waren Behältnisse, in welchen die Alten eine Art Haselmäuse, die sich in Castanienwäldern aufhalten, nähreten, mästeten und fett machten. Diese Gefäße sind von gebrannter Erde etwa drey Palmen hoch, und verhältniß im Durchmesser, mit einer mäßig großen Öffnung, an welcher inwendig verschiedene stufenweis halbrunde Gänge ebenfalls aus Thon sind, für das Klettern dieser Thiere. Dieses Gefäß oder Behältniß hieß Glirarium von Glis, welches der Name des Thiers ist, mit welchem Worte die Deutschen und andere Völker auch die Ratzen bezeichnen. Da nun jene Thiere außer den Alpen, wie ich merke, nicht bekannt seyn, so haben sich einige ausländische Gelehrte

von

1) De Reg. Theca Calam. p. 418.
2) In addition. p. XIX.
3) Catal. de' Monum. d'Ercol. Vas. n. 390.

vorgestellet, die Römer hätten Ratzen gespicket, und als einen besondern Leckerbissen gegessen. Diese Entdeckung machet sich unter andern Sloane in dem Vorberichte zu seiner Beschreibung der Insel Jamaica in Englischer Sprache, und Lister in seinen Anmerkungen über den Apicius von der Kochkunst, ist nicht besser unterrichtet. Im Welschen heißt dieses Thier Ghiro von Glis, und wird noch itzo gegessen, aber nur auf großen Tafeln: Denn es ist nicht häufig, und ich weiß, daß das Haus Caetano dieselbe zum Geschenke verschicket. Es vergräbt sich im Winter, und liegt alsdenn, wie man sagt, in einem beständigen Schlummer, ohne Nahrung, und daher ist es von den Alten als ein Sinnbild des Schlafs gebraucht, wie man es also vom Algardi neben dem Schlafe von schwarzem Marmor in der Villa Borghese vorgestellet siehet.

Was zum Spiel und zur Lustbarkeit gehöret, ist ebenfalls hieher zu setzen, und die Flöten der Alten verdienen hier einige Anmerkung. Es waren dieselben von Knochen, von Elfenbein und auch von Erzt gemacht, und bestanden, wie die unsrigen, aus verschiedenen Stücken, aber mit diesem Unterschiede, daß die Stücke oder Glieder nicht durch Zapfen in einander passeten, sondern sie wurden auf ein Rohr, insgemein von feinem ausgebohrtem Holze gezogen, wie man an zwey Flötenstücken von Erzt in dem Museo siehet, an welchen inwendig das Holz versteinert hängen geblieben ist. In dem Museo zu Cortona ist eine Flöte von Elfenbein auf eine silberne Röhre gezogen.

Von den übrigen Lustbarkeiten auch Griechischer Art, und in dieser Classe giebt ein kleines Täfelchen von Elfenbein mit dem Worte ΑΙCΧΥΛΟΥ einen Beweis, es ist dasselbe, ich weiß nicht an welchem der verschütteten Orte gefunden. Dieses Täfelchen ist eine Tessera, die den Namen des berühmten Tragici Aeschylus führet, und zeiget, daß an diesem Orte dessen Trauerspiele aufgeführet worden. Und diese Tesseræ wurden, wie die heutigen Freyzettel zu Opern und Comödien, von demjenigen ausgetheilet, welcher auf seine Kosten die Schauspiele gab. Dieses ist die einzige Tessera mit dem Namen eines Griechischen Theaterdichters, andere sind den

den sich auch von Elfenbein, aber nur mit Ziffern, in dem Museo des Collegii Romani.

Einzig ist auch ein Discus von Erzt, welcher acht Zolle im Durchmesser hält, und in der Mitten ein Loch hat, dessen Rände sich auf einer Seite enger schliessen, um den Finger sicher hinein zu legen, wenn diese Platte geworfen wurde. Diese Art, den Discus zu werfen, ist vorher noch nicht bekannt gewesen. Es waren aber auch Disci ohne Loch in der Mitten, wie derjenige ist, den eine Statue an dem Schenkel drückte, die im Hause Verospi zu Rom war, und vor kurzer Zeit verkauft ist: von dieser Art ist der Discus von einem Palme und siebentehalb Zoll im Durchmesser, auf einer erhobenen Arbeit in der Villa Albani, von welchem ich anderwärts r) geredet habe. Im Kriegen war dieses, wie wir reden würden, ein ritterliches Spiel, und unter den Griechischen Helden war es eine besondere eine Uebung s) des Diomedes; es ist auch noch itzo in England im Gebrauche.

Ich füge dieser Art Geräthe eine Tragische Larve mit einem hohen Aufsatze von Haaren in Marmor bey, welche, wie die ausgebohrten Löcher umher anzeigen, eine von denen war, welche über das Gesicht eines Verstorbenen gebunden wurde, um auch nach dem Tode wahr zu machen, was Petronius sagt: Omnis mundus agit histrionem. Eine jüngere Larve von gebrannter Erde zu diesem Gebrauche befindet sich in dem Museo des Collegii Romani. In vorigen Zeiten war in Frankreich der Gebrauch, auch bey Nacht im Schlafe Larven zu tragen, um die Haut vor der in verschlossenen Zimmern stehenden Luft zu verwahren; ich hoffe, diese Mode soll bald wieder kommen.

Zum Staate, und als ein Zeichen edler Geburt, waren goldene Bullen, welche insgemein Kinder bis zu einem gewissen Alter trugen, und dieses Museum hat zwo derselben aufzuweisen. Es war aber dieses keine Tracht bloß junger Knaben, wie man insgemein glaubet, sondern es

 tragen

r) Descr. des Pier. gr. du Cab. de Stosch, p. [illegible] s) [illegible] trugen auch Frauenzimmer z) eine Bulle am Halse, und ich werde in der Erklärung schwerer Puncte der Mythologie, der Gebräuche und der alten Geschichte, welche ich in Welscher Sprache entworfen habe, auch an einem schönen Denkmale darthun, daß sie auch von Kindern getragen worden.

Zum Zeichen der Würde einiger obrigkeitlichen Personen bey den Römern waren Sellae Curules, von denen sich zwo in dem Museo finden. Sie sind von Erzt (in Rom waren sie insgemein von Elfenbein) einen Palm und sieben Zoll hoch, und zween Palmen und sieben Zoll breit. Sie bestehen aus Kreuzweis gelegten runden Beinen, die X vorstellen, und sich unten in einen thierischen Klauenfuß mit einem langen Schnabel endigen, worauf sie stehen.

Ich will der vielen Figuren und anderer Thiere Köpfe von Erzt hier nicht gedenken, aus welchen in den Bädern, auch in den Häusern Wasser lief; es lassen sich auch die chirurgischen Instrumente und viele andere, theils bekannte, theils dem Gebrauch nach unbekannte Geräthe schwerlich ohne Abbildung beschreiben, und auch durch diese bleibt der Begriff unvollkommen.

Jetzige will ich einiger weiblichen Geräthe, als Spiegel, Haar- oder Heftnadeln, Armbänder und Ohrgehänge gedenken. Es sind hier zween Spiegel, ein runder und ein länglich viereckigter; der runde mag etwa acht Zolle halten: beyde sind von Metall, welches geschliffen und vergoldet ist. Herr Bajardi a) hat zween Spiegel mit langen Stielen beschrieb finden wollen, die ich aber nicht gesehen noch finden können. Insgemein waren die Spiegel der Alten rund; und auf einem geschnittenen Steine in dem Stoschischen Museo hält Venus einen solchen Spiegel an dessen Deckel, wie einige unserer Taschenspiegel sind. Seneca b) gedenket außerordentlich großer Spiegel, die ganze Person darinn zu besehen.

Unter

z) Macrob. Saturn. L. I. c. 6. p. 139. ed. Pontan.
a) Catal. de' Monum. d'Ercol. p. 290. n. 718
b) Nat. Quaest. L. I. c. 17

Unter den silbernen Nestnadeln, die Zöpfe hinten am Kopfe derselben zu [illegible] worden, sind vier besonders groß und schön gearbeitet. Denn dieses war ein besonderes Stück des Putzes der Weiber; auch die verschnittenen Priester der Cybele steckten sich die Haare auf einer Nestnadel auf. Die größte zu acht Zolle lang hat an statt des Knopfs ein Corinthisches Capitäl, auf welchem Venus stehet, die mit beyden Händen ihre Haare gefasset hat; neben ihr stehet die Liebe, und hält ihr einen runden Spiegel vor. Es pflegten auch Römische Frauen den Statuen der Göttinnen Spiegel a) an ihren Füßen vorzusetzen. Eben so lang sind noch itzo die silbernen Nestnadeln der Weiber auf dem Lande um Neapel. Auf einer andern solchen Nadel, welche sich gleichfalls in ein Corinthisches Capitäl endiget, stehet die Liebe und Psyche umfasset. Eine andere hat oben zwey Brustbilder, und auf der kleinsten stehet Venus an den Cippus eines Priapus gelehnet, die das rechte Bein aufhebet, und mit der linken Hand den Fuß halten zu wollen scheinet.

Armbänder sind in dem Museo von Erzt und von Golde, und alle in Gestalt einer Schlange: von denen, welche um das Obertheil des Arms gelegt wurden, erinnere ich mich hier keine gesehen zu haben, jene sind von der kleinern Art, welche über die Knöchel lagen. Die Ohrgehänge von Golde gleichen dem Kopfe einer Eichel mit dessen erhabenen kleinen Buckeln, und sie stehen mit der offenen Seite gegen das Ohr; in dieser Form haben sie noch itzo die Weiber in dieser Gegend.

Unter den Gefäßen sind insonderheit die Patera, wie ich oben gedacht habe, von einem zusammengesetzten weißen Metalle, welches dem ersten Ansehen nach Silber scheinet; es ist auch der gelehrte [illegible] ungewiß, ob es nicht etwa von den zwo berühmten Arten Erzt, Corinthisches oder [illegible] war. Ich weiß, daß einige ein goldfarbiges Erzt in einigen Münzen der ersten Kaiser für Corinthisches Erzt halten; es ist aber diese Meynung so ungegründet, als lächerlich das Vorgeben von dem Ursprunge dieses Erztes in der Eroberung dieser Stadt ist.

a) [illegible]

Die vernünftigste Betrachtung über alte Gemälde, und sonderlich über die Gefäße, sollte auf die Zeichnung derselben gerichtet seyn, in welcher alle unsere Künstler den Alten weichen müssen. Alle ihre Figuren sind auf Grundsätze des guten Geschmacks gebauet, und gleichen einem schönen jungen Menschen, in dessen Gebährden, ohne sein Zuthun oder Denken, sich die Gratie bildet; diese erstrecket sich hier bis auf die Henkel der Gefäße. Die Nachahmung derselben könnte einen ganz andern Geschmack einführen, und uns von dem Gekünstelten ab auf die Natur leiten, worinn nachher die Kunst kann gezeiget werden. Die Schönheit dieser Gefäße bildet sich durch die sanfte geschweiften Linien der Formen, als welche hier, wie an schönen jugendlichen Körpern, mehr anwachsend als vollendet sind, damit unser Auge in völlig halbrunde Umkreise seinen Blick nicht endige, oder in Ecken eingeschränkt und auf Spitzen angeheftet bleibe. Die süße Empfindung unserer Augen bey solchen Formen ist wie das Gefühl einer zarten sanften Haut, und unsere Begriffe werden, als vom Verstande, leichte und fröhlich. Da uns das Leichte durch dessen Zuschauen selbst gefallen, und das Gezwungene, wie ein übertriebenes Lob anderer, weil wir selbst an dasselbe nicht erreichen zu können glauben, durch das Gegentheil mißfallen muß; ja da die Natur, in Ersparung der Kosten (da insgemein das Natürliche wohlfeiler, als dessen Gegentheil ist,) den Weg anweiset: so sollte uns Empfindung und Ueberzeugung zu der schönen Einfalt der Alten führen. Aber diese blieben bey dem, was einmal schön erkannt worden, weil das Schöne nur Eins ist, und änderten, wie in ihrer Kleidung, nicht; wir hingegen können oder wollen uns in dieser, wie in andern Dingen, nicht festsetzen, und wir rennen in thörigter Nachahmung herum, wodurch wir alle Augenblicke, was wir bauen, wie die Kinder, wiederum niederreissen.

Der

Der zweyte Theil des ersten Abschnitts dieses Sendschreibens, welcher von den Herculanischen Schriften handelt, verdienet unsere ganz besondere Aufmerksamkeit, um so viel mehr, da niemand vor mir Nachricht von denselben gegeben hat. Bey diesen Schriften ist zum ersten die Entdeckung derselben besonders anzuzeigen; zum zweyten ist die Materie, woraus sie bestehen, nebst ihrer Form, Gestalt und Beschaffenheit, drittens die Art und Weise der Schrift auf denselben, und viertens ihre Aufwickelung zu erklären.

Die Entdeckung derselben versprach anfangs weniger, als was sich nachher zeigete; die Arbeiter beklagten sich über die gemeinen Kohlenhaufen, die ihnen häufig auf dem Wege stunden:

. . . . Sed fato invido
Carbonem, ut ajunt, pro thesauro accepimus.

Phaedr. L. 5. fab. 6.

Denn man sahe die Schriften vor verbranntes Holz und vor Kohlen an, und es wurden daher viele zerbrochen und weggeworfen: es geschahe hier, wie in Brasilien mit den Diamanten, welche, ehe man dieselben erkannte, als kleine Kiesel nichts geachtet wurden. Die Ordnung der Schriften, in welcher dieselben nachher aufeinander gelegt gefunden wurden, war der einzige Umstand, welcher einige Aufmerksamkeit erweckte, und zu bedenken veranlassete, daß es vielleicht nicht bloße Kohlen wären, bis man Buchstaben darauf entdeckte.

Der Ort, wo dieselben zum Vorschein kamen, war ein kleines Zimmer in der oben gemeldeten Herculanischen Villa, welches zween Menschen mit ausgestreckten Armen überreichen konnten. Rund herum an der Mauer waren Schränke, wie man in den Archiven zu sehen pfleget, in Manns Höhe, und in der Mitten im Zimmer stand ein anderes solches Gestelle für Schriften auf beyden Seiten, so daß man frey umher gehen konnte. Das Holz dieses Gestelles war zu Kohlen geworden, und fiel, wie man leicht erachten kann, zusammen, da man dasselbe anrührete. Einige von

diesen

ersten Rollenschriften fanden sich mit geschriebenem Papier, von eben der Art, welches emporetica bey den Alten hieß, zusammen gebunden, welche vermuthlich als Theile und Bücher ein ganzes Werk ausmachten. Die Schriften wurden, da man sie daran erkannt hatte, mit Sorgfalt zusammen gelesen, und man fand über tausend Stücke, von denen die mehresten in dem Museo zu Portici in einem mit Glasfenstern verschlossenen Schranke aufbehalten werden, viele aber sollen noch in den Gewölbern unter dem Museo liegen, wo die Schriften von Statuen und von anderen Werken beygelegt sind.

Die Materie dieser Schriften ist Papyrus, oder Egyptisches Schilf, welche Pflanze auch Deltos (Δελτος) von der Gegend benennet, wo sie am häufigsten wuchs, benennet wurde. Es scheinet von diesem letzten Worte die Benennung von Schriften auch in der heiligen Schrift angenommen zu seyn: denn דלת, δέλτοι heißt ein Buch, beym Jeremias, so viel ich mich ohngefähr erinnere. Itzo wird diese Pflanze von den eingebohrnen Sandel Berd a) genennet. Es war dieselbe ehedem diesem Lande eigenthümlich, wurde aber, nach dem Strabo, auch in Indien zu bauen angefangen, wo sie sich gänzlich verlohren hat; und Lucas, der nach Egypten reiste, ist sehr irrig, wenn er glaubet b), daß eine derartige Schilf, welches zu Matten und zu Bedeckung der gläsernen Flaschen dienet, das ehemalige Papier seyn könne.

Von denen, die in Egypten gereiset sind, ist Alpinus der einzige, welcher dieses Gewächs beschreibet; Pocock und andere übergehen es mit Stillschweigen. Es wächst an den Ufern des Nils und an sumpfigen Orten, und treibet einen Stengel, welcher über dem Wasser zwo Ellen (Cubiten) wie Plinius c) und dem Theophrastus d) sagt; nach dem Alpinus sechs bis sieben Ellen. Der Stengel ist dreyeckigt, und hat oben eine Krone von Haaren, welche von den Alten mit einem Thyrsus verglichen wird. Dieses so genannte Egyptische Schilf war den eingebohr-

nen

a) De plant. Aegypt. c. 36. c) L. 13. c. 11.
b) Voyage T. 1. p. 173. d) L. 4. c. 9.

von dem großen Nutzen: der Mark des Stengels diente ihnen zur Nahrung, und aus dem Stengel selbst machten sie Schiffe, deren Gestalt man auf geschnittenen Steinen und auf anderen Egyptischen Denkmalen sieht; es wurden nämlich Bündel von Binsen zusammen gebunden, und diese wurden wiederum an einander verenget, bis man ihnen die Gestalt von Kähnen oder Schiffen gab. Der vornehmste Nutzen aus dieser Pflanze aber war die dünne Haut, auf welche man schrieb; und eben dieses ist der Punkt, worinn die Ausdrücke der alten Scribenten nicht deutlich genug ist, und uns kein völliges Genüge thut. Es haben sich daher einige, wie Dalechamp¹), vorgestellet, daß das Papier zum Schreiben von den Blättern dieser Pflanze genommen worden. Andere, als Vesling²), haben sich noch einen längern Begriff gemacht, wenn sie glauben, daß dasselbe aus der Wurzel zubereitet worden; die Wurzeln aller Pflanzen bestehen aus Fäserchen, und haben eine Holzader, welche daher nicht in dünne Blätter können aufgewickelt werden. Es hat sich aber ein leichtgläubiger Scribent vorgestellet, daß die Stengel wie in einem Brey zerstoßen und zubereitet worden, um das Papier eben auf eben die Art, wie es itzo gemacht wird, zu gießen. Andere, wie Salmasius³) und Guilandini, kommen der Wahrheit näher, wenn sie glauben, daß das Bücher Papier von dem Stengel genommen worden, welcher sich in dünne Häute aufblättern lassen, so daß diejenigen Häute, welche zunächst an dem Marke des Stengels sind, das beste Papier gegeben, und die äußern Häute das schlechtere. Dieses bestätiget der Augenschein an den Herculanischen Schriften, die aus vier Lagen dünner Blätter zusammengeleimet sind, (wie ich im folgenden deutlicher beschreiben werde,) und, wie ich glaube, den Umfang des Stengels zeigen. Ich habe also fast auf die Gedanken gerathen, daß der Text des Plinius verfälscht sey, wo er sagt, daß der Unterschied in dem Werthe des Papiers an dessen Breite liege: das beste, sagt er, hat die

1) In Plinium de Papyro.
2) De Plant. Aegypt. Obs. ad Prosp. Alpin. Patav. 1638. 4.
3) Plin. exercit. p. [illegible] ed. Paris.

die Breite von dreyzehen Zoll; diejenige, welches Hieratica hieß, war von eilf Zoll; Fanniana von zehen Zoll; das von Sais hatte weniger, und das schlechtere war von sechs Zoll. Hier müssen, nach meiner Muthmaßung, an statt des Worts Breite, das Wort Länge gesetzt werden; denn der Stengel der Pflanze muß wahrscheinlich von gleicher Dicke gewesen seyn; und ich kann mir nicht vorstellen, wie derselbe an einigen dreyzehen Zölle, an andern aber sechs im Umfange gehabt habe, da die Breite des Papyrus der Umfang des Stengels und demselben gleich gewesen seyn muß; die Länge des Papyrus aber muß nach der Länge des Stengels zu rechnen seyn.

Ich will mich unterdessen in keine Untersuchung aller einzelnen Stücke der Nachricht des Plinius einlassen, um nicht Muthmaßungen an statt Nachrichten zu geben. Ich glaube z. E. was er von Schriften aus zween, ja aus dreyfach zusammengeleimten Blättern redet, sonderlich da Guilandini dergleichen Schriften von Egyptischem Papiere gesehen zu haben versichert. Die Herculanischen Schriften bestehen nur aus einem einzigen Blatte. Ich lasse andern über, sich aus der richtigen Anzeige, die ich von diesen Schriften geben will, die Nachrichten der Alten deutlicher zu machen, wenn sie mehr zu wissen verlangen, als was der Augenschein giebt.

Von Schriften auf Egyptischem Papyre habe ich, außer den Herculanischen, gesehen, verschiedene Diplomata in der Vaticanischen Bibliothek; ein Blatt mit Griechischer Schrift von einem Kirchenvater, in der Bibliothek der Theatiner zu St. Apostoli in Neapel. Mabillon[1]) gedenket geschriebener Werke des h. Augustinus auf Pergament mit hier und da durchgeschossenen Blättern von Egyptischem Papyre, welche in der Bibliothek des Präsidenten Petau waren; und es befinden sich dieselben vielleicht unter den MS. der Königinn Christina in der Vaticana, ich kann aber itzo davon, da ich mich außer Rom befinde, keine Nachricht einziehen.

Von der Form, Gestalt und Beschaffenheit dieser Schriften ist zu merken, daß sie fast alle von gleicher Länge, das ist, von einer Spanne sind,

1) Diplom. l. 1. c. [illegible] § [illegible] p. [illegible]

sind, und einige von jenen, andere von lang bis vier Finger breit im Durchmesser, es finden sich aber auch einige von einer halben Spanne lang. Die mehresten sind zusammengeschrumpfet und runzlicht wie ein Bockshorn; welches die Hitze verursachet hat, wodurch dieselben gleichsam in eine Kohle verwandelt worden; denn sie sind entweder schwarz oder ganz dunkel grau. In der Überschüttung aus dem Berge sind dieselben nicht völlig walzenförmig geblieben, sondern haben eine ungleiche und drückigte Rundung erhalten. An den beyden Enden gleichen sie versteinertem Holze, dessen Ringe sich deutlich unterscheiden, welche an den Schnitten oder in größerer Anzahl und weit zarter sind. Von vierecktigen Büchern hat sich keines einziges gefunden.

Das Papier ist dünner, ja noch dünner, als ein Mohnblatt, nicht weil es so wie es ehemals gewesen, sondern war es im Feuer, welches den Körper herausgezogen, geworden; ein leichter Hauch kann bey der Arbeit an denselben Schaden verursachen. Es muß aber dieses Papier beständig sehr dünne gewesen seyn, wie sich an vielen Stücken zeiget, welche wenig gerunzelt sind, und also eben so dicke, wie sie itzo erscheinen, gewesen waren: denn da diese durch die Hitze nicht enger, als sie waren, zusammengedrücket werden konnten, und weder nach der Breite noch in der Länge nachgaben, so blieben sie ohne Runzeln und ohne gequetschten Druck.

Eine solche Rolle Schrift bestehet aus vielen schmalen Streifen von einer Hand breit, welche auf einander geleimet sind, so daß eins über das andere in der Breite eines Fingers liegt, und diese Fügung hat sich nicht aufgelöset. Diese Blätter auf einander zu leimen gab es besondere Leute, welche Glutinatores a) hießen, deren Kunst nicht unter die ganz gemeinen Handwerker gezählet seyn muß, da die Römer einem Phileratius eine Statue aufrichteten b), weil er ihnen die Schrift zu leimen gelehret, oder welches glaublicher ist, weil er eine besondere Art von Büchleimen erfunden.

Dieser aus vielen Stücken zusammen gefügte Streifen Papier wurde gewunden (...) um sich selbst gerollet, und entweder allein um eine kleine

J 3 Walze,

a) Cic. ad Att. L. 4. ep. 4.

b) Spon. Miscel. erud. Antiquit.

Stäbchen, welches Holz oder Knochen war, nach dem Zeugnisse des Scholiasten des Horatius[1]), und diese Stäbchen zeigen sich dünner und stärker in dem Mittelpuncte verschiedener Schriften. Wahrscheinlich war dasselbe das, was die Alten den Nabel (Umbilicum) der Bücher nennen: denn es ist derselbe an der Rollen, wie der Nabel am menschlichen Körper, und dessen Oeffnung ist diesem ähnlich. Dieses läßt sich unter andern aus einer Stelle des Martialis ersehen, wo er von einer kleinen Schrift sagt, daß sie nicht größer sey, als der Nabel:

Quid prodest mihi tam macer libellus,
Nullo crassior ut sit umbilico,
Si totus tibi triduo legatur?

[illegible]

Diese Stelle ist, wie ich dieselbe einsehe, nicht recht verstanden: denn es würde ein Vergleich ohne Verhältniß seyn, hier den Nabel am Menschen zu verstehen; eben so wenig kann es den Zierrath auf dem Deckel der Bücher bedeuten, sondern es muß für die kleine Rolle in dem Mittelpuncte der Schrift verstanden werden. Der Dichter wird also sagen wollen, diese kleine Schrift sey nicht stärker, als diejenige kleine Rolle oder Stab, um welche die Schriften gewickelt worden. Es würde also ad umbilicum adducere[2]) und ad umbilicum pervenire[3]) heißen, eine Schrift endigen, so daß sie dann ihre Rolle bekommen, und dieselbe zu Ende lesen, bis an dieselbe.

Diesem zu Folge muß man sich vorstellen, daß, da der innere Stab zum aufrollen diente, ein zweyter Stab oder Stäbchen nöthig gewesen, die aufgerollte Schrift wiederum aufzuwickeln, von welchen jener am Ende, dieser aber am Anfange befestiget gewesen, so daß alsdenn das Stäbchen, welches vorher inwendig war, auswärts zu liegen gekommen, und so wechselsweise. An den Herculanischen Schriften findet sich das zweyte Stäbchen nicht; denn da das äußere Blatt oder Lage an denen wenig-

1) Porphyr. in Hor. Epod. 14. v. 8. p. [illegible] edit. [illegible] 4.
2) Horat. l. c.
3) Martial. L. 4. ep. 89. v. 2.

ingstand, welche man untersuchet hat, fehlet, so muß auch dieses Stäbchen zugleich mit verlohren gegangen seyn. Man siehet auch dasselbe an den gemalten Rollen Schriften auf einigen Herculanischen Gemälden nicht, wohl aber das untere Stäbchen. Wie die Alten reden bey Schriften von solchen Stäbchen in der mehrern Zahl *), und dieses könnte meine Muthmaßung bestärken. Ferner bemerket man an einigen Schriften an der Höhlung der Stäbchen etwas, was dieselbe ausfüllet, welches ein Endchen zu seyn scheinet, um welches entweder das Stäbchen im Aufwickeln gelaufen, oder wenn das Stäbchen nur die Länge der Schrift gehabt hätte, so dienete das Endchen, welches hervor gieng, vermittelst desselben das Stäbchen zu drehen. Dieses Endchen kann einen geschnittenen Kopf gehabt haben, welcher etwa gemalt gewesen, so daß daher der Dichter sagt: Pictis luxurient umbilicis. An dieses Endchen, wenn es da war, scheinet auch der Zettel befestiget gewesen zu seyn, welcher an Rollen Schriften auf Gemälden hänget **) und den Titel des Buches zeiget. Der vom [illegible] genannten Benennung [illegible] kann nachher auch dem Zierrathe worden auf dem Rande oder dem Deckel viereckigter Bücher gegeben seyn, wie Montfaucon aus einer Stelle des Cassians contra incarn. ***) schließt: dieser Zierrath war entweder ein Beschlag, wie an unsern ältesten Bänden, oder ein Stempel, wie ihn die sogenannten Pergambände haben.

Als einigen von diesen Schriften versuchet wurde, und einer von den Alten mit dem [illegible], dessen [illegible] Gesichte er unter [illegible] schnitt, um zu sehen, ob inwendig mehr als auswendig zu erhalten sey, und wie der h. [illegible] es [illegible] die Schrift mit dem Pinsel soll gemacht haben. Es wurden einige große Rollen mitten durchgeschnitten, um das innere Gewicke derselben zu sehen und den Fremden zu zeigen. In einigen derselben ist die Schrift so schön und groß, wie in dem großen Oxfordischen Pindarus.

J 3 In

*) [illegible]
**) [illegible]
***) [illegible]

Je mehr diese Schriften Kohlen ähnlich scheinen, und je mehr die Schwärze derselben durchgehends an ihnen gleich ist, desto erhaltener sind sie zu achten, und desto leichter wird die Aufwickelung, und dieses läßt sich aus der Beschaffenheit der Kohlen selbst begreifen. Denn so wie Holz, welches zu Kohle geworden, vermöge der Absonderung und Verzehrung der Feuchtigkeit, und auch Ausdämpfung der fremden Theile, der Veränderung nicht ferner unterworfen ist, ja eine ewige Dauer erlanget, so daß mit Kohlen Gränz- und Marksteine zum immerwährenden Gedächtniß können geleget werden; eben so verhält es sich mit diesen Schriften. Je schneller und je gleicher dieselben von der feurigen Materie des Vesuvs durchdrungen worden, wodurch alle Feuchtigkeit aus denselben gesondert ist, desto mehr ist die Materie des Papiers zu einer gleichförmigen Einheit gebracht, und also gleichsam wie die einfachen und festen Elemente der Dinge unverderblich und unzerstörlich geworden. Diejenigen Schriften aber, auf welche die feurige Materie nicht gleichförmig gewirket, sind auch nicht gleich an Farbe; und da die Feuchtigkeit aus denselben nicht augenblicklich wie aus jenen heraus getrieben ward, waren sie nicht der Veränderung unterworfen, und die äußere Feuchtigkeit suchet sich mit der in denselben zurückgebliebenen zu vereinigen, ja schlüpfrige Asche und Erde mit hinein, wodurch die Theile, welche davon angegriffen werden können, kleben und zerfressen werden. Jene also sind viel leichter, als diese, aufzuwickeln.

Die Gestalt dieser Schriften hat mehrmal gedachten Hrn. Martorelli auf eine überaus seltsame und possirliche Meynung gebracht, welche ein besonderes Zeugniß von der Selbstverblendung und Hartnäckigkeit der Menschen giebt. Es behauptet dieser gelehrte Mann wider den handgreiflichen Augenschein, daß die Herculanischen Schriften, die er gesehen, so oft er gewollt, keine gelehrte Abhandlungen, und überhaupt keine Bücher, sondern nur Urkunden, Schenkungen, Verträge, Abschiede und dergleichen seyn, und daß also der Ort, wo dieselben gefunden worden, das Archiv der Stadt Herculanum gewesen. Erstlich läugnet er, daß bey den alten

Sprachen

Griechen gerollte Schriften im Gebrauche gewesen, und er giebt ihnen keine andere als viereckigte Bücher [a]). Denn, sagt er, es ist Unrecht zu gedenken, daß die Klugheit der Alten eine sehr unbequeme Form von Büchern, welches eben die zusammengerollten sind, gewählet, da ein viereckigtes Buch sehr viel bequemer sey [b]). Eine entscheidende Grund ist, weil die Griechen in den besten Zeiten das Wort, welches eine gerollte Schrift (Volumen) bedeutet, nicht hatten: denn εἴλημα sey, diesen Mangel zu ersetzen, von späteren Griechen in Gebrauch gebracht. Es äußern sich, auch, führet er fort, bey den Griechischen Scribenten, wenn sie ihre Schriften gerollet hätten, die besondern Theile derselben angegeben finden, welches aber nicht sey: das Wort, welches das Abwickeln bedeutet, um welches die Schriften gerollet wurden [[illegible]] verwirft er, als ein Wort aus den barbarischen Zeiten. Er macht also den Schluß: weil den Griechen der besten Zeiten, in dem goldenen Zeitalter ihrer Sprache, das Wort mangelte, welches Volumen bedeutet, so können sie auch keine gerollten Schriften gehabt haben [c]). Dieses sagt er als entscheidende Beweise voraus, und weil, daß die alten Scribenten keinen Namen gemacht haben sollen; er verbessert [illegible] diejenigen Stellen, welche seine Meynung umwerfen, und erkläret dieselbe für verfälscht. Wenn Aeschines im zweyten Briefe von der Statue des Pindarus redet, welche die Athenienser demselben errichtet, mit einer gerollten Schrift in der Hand, so setzet er an die Stelle des Worts gerollet, geöffnet; an statt εἰλημένον, ἀνεπτυγμένον. Ich achte nicht, fährt er, auf den Diogenes Laertius, welcher die Schriften des Epicurs offenbar Cylinder [κυλίνδρους] nennet [d]). Er hält dieses Wort für einen Zusatz eines Kritikers, weil er dasselbe bey keinem andern Scribenten in diesem Verstande, auch selbst bey dem Diogenes nicht weiter gefunden, und er unterstützt sich hier mit einigen Nachrichten des Menage, welcher in seinen Anmerkungen über diesen Scribenten lehret [e]), daß dieselbe voll von Zusätzen und von ge-

[illegible]

a) Exp. Theo. Colon. p. [illegible]. b) Ibid. p. [illegible]. c) Ibid. p. [illegible].
d) Ibid. p. [illegible]. e) In Laertium. p. [illegible].

bekanntesten Denkmalen sey, welches auch bereits Salmasius[1]) angemerket habe. Saget aber, führet er fort, daß das Wort Cylinder (von Zahlen) sey, so beweiset dieses nichts wider mich und auf die ältern Zeiten der Griechen, weil Diogenes unter dem Constantin gelebet, wo vielleicht gerollete Schriften unter den Griechen in Gebrauch gekommen. Er beruft sich ferner auf mehr als ein viereckigtes Buch auf Herculanischen Gemälden, und wo dergleichen gerollete Schriften vorgestellet sind, hält er dieselbe für das, was er glaubet[2]). Er strafet den [illegible][3]), welcher in seinen Reisen[4]) von einer gerolleten [illegible] des h. Chrysostomus redet, die er zu Venedig gesehen.

Ich habe zu Erklärung und zugleich an statt der Widerlegung dieser wider den Gebrauch [illegible] Meynung, eine alte schöne erhobene Arbeit über dem Anfange dieses Sendschreibens beygebracht, welche ich nach einer vortrefflichen Zeichnung aus der Schule von Raphael, die sich unter den Zeichnungen des Herrn Cardinals Alexander Albani befindet, stechen lassen: denn das Werk selbst befindet sich nicht mehr in Rom. Es zeiget dieselbe ein Bild der Erziehung und des Unterrichts der Jugend: der älteste Sohn der Mutter, welche sitzet, hält ein viereckigtes Buch, an welchem sein Lehrer mit anfasset; (dieses ist für Herrn Martorelli,) das jüngste Kind ist noch in den Händen einer alten Wärterinn, die es in die Höhe heben will, gegen eine Erd- oder Himmelskugel, auf welcher zwo Musen mit [illegible] zeigen; die eine ist Urania, und die andere vermuthlich Clio, die Muse der Geschichte, mit einer gerolleten Schrift, (dieses ist wider meinen Gegner,) die dritte ist die Tragische Muse Melpomene. Dieses erinnert mich an die drey Musen, welche jener [illegible] zu seinem Hochzeitsfeste [illegible] hatte. Hier kann auch der Ort seyn, welchen ich auf dem Titelblatte gesetzet habe, wo die studierende Liebe vorgestellet ist, gleichfalls mit einer gerolleten Schrift, welches kein Contract oder Mitgift seyn kann, und eine Muse, die

1) [illegible] p. [illegible]
2) Reg. Thec. Cal. p. [illegible]
3) Reg. Thec. Cal. p. [illegible]
4) Tom. 2. p. [illegible]

die sich den Lehrer macht, mit einem vernünftigen Buche: oder ist eine Sphinx. Der Käfer kann entweder auf dergleichen geschnittenen Steinen der Alten deuten; die auf der einen Seite einen erhaben geschnittenen Käfer haben, und daher Scarabei genennet werden; oder es war das Wapen des Eigenthümers dieses Siegels. In dem Museo des Collegii Romani befindet sich ein Erzt, in der Größe eines halben Palms, eine kleine Figur eines Philosophen, mit einem Barte, auf seinem Magistratischen Stuhle; zu dessen Füßen stehet eine runde Capsel mit gerollten Schriften, und in der Hand hält er eine halb aufgewickelte Rolle Schrift. Dieses kann keine Römische obrigkeitliche Person seyn, wie der Bart anzeiget, welcher nicht mehr Mode war da dieses gemacht ist: folglich können auch die Schriften keine öffentlichen Urkunden und dergleichen bedeuten. Es hat auch der Stuhl eine verschiedene Form von den Stühlen obrigkeitlicher Personen in Rom.

Es widerspricht ferner mehr Gelehrten aller anderen, welche in dem Gesetze des Ulpianus zu D. de leg. 3. versus libros von gerollten Schriften, und Codices von viereckigen Büchern verstehen [1]. Diese sind Salmasius [2], Schilling [3], Brug [4], Heineccius [5] und Mazocchi [6]: Schilling und Heineccius streicht er in den Zusätzen [7] wiederum aus. Was würden die Schriften des Cicero, des Livius, des Seneca und des Plinius für ungeheure Werke gewesen seyn, wenn man sich dieselben gerollet und nur auf einer Seite des Blattes beschrieben vorstellen wollte [8]? Er sucht darzuthun, daß das Wort Codex allein von hölzernen Instrumenten gebraucht worden [9], und wenn auf Münzen oder an Statuen die Figuren der Kaiser eine Rolle Schrift in der Hand halten, so müsse dieselbe so etwas, und keine gelehrte Schrift oder Geschichte vorstellen [10]. Folglich, sagt er, ist es eine große Unwahrheit auch der alten

1) Reg. Theo. Col. p. [illegible]
2) De usur. [illegible] p. [illegible]
3) [illegible] p. [illegible]
4) [illegible] p. [illegible]
5) [illegible]
6) [illegible] Quaest. p. [illegible]
7) p. XIV.
8) p. [illegible]
9) p. [illegible]
10) p. [illegible]

alten Künstler, und Bildhauer, wenn sie den Figuren der Dichter und Philosophen eine gerollete Schrift in die Hand gegeben[1]. Auch Apollonius von Priene, der Künstler der Vergötterung des Homerus im Pallaste Colonna, ist nach dessen Meynung, mit der Rolle, welche er dem Vater der Dichter in die Hand gegeben, sehr übel unterrichtet gewesen[2].

Um aber die Beschämungen dieser von ihm vorsetzlich erzwungenen Meynung zu zeigen, wiederholet er in den Zusätzen[3], daß er die Unterschrift der ersten eröffneten herculanischen Schrift sehr wohl gesehen und gelesen: Φιλοδήμου περὶ Μουσικῆς „des Philodemus von der Musik.“ Dem ungeachtet behauptet er, (wird es nicht meinen Lesern unglaublich scheinen?) daß gedachte Schrift ein öffentliches Instrument in einer Streitsache sey. Er hat vielleicht im Sinne behalten, daß dieser Streit die Kirchenmusik und auf Hochzeiten betroffen, oder zwischen der Gemeinde und den Stadtmusikanten entstanden sey. Und wodurch suchet er dieses von neuem zu beweisen? Weil ich, sagt er, an dieser geschriebenen Rolle nur die Unterschrift, nicht aber die Aufschrift gesehen habe: denn ein jeder weiß, fähret er fort, daß Privatschriften unterschrieben werden, Abhandlungen aber haben den Titel und die Aufschrift vorne an stehen. Es sollte gleichwohl Hr. Martorelli, da er mit denjenigen Person, welche diese Schriften aufwickelt, genau bekannt ist, gemerkt haben, daß der Anfang oder die äußere Lage an den Schriften, welche man bisher entwickelt hat, fehlet, wie ich bereits oben angezeigt habe.

Bey dieser Gelegenheit suchet er an einem andern Orte[4] zu bestreiten, daß die ältesten Griechen nicht auf hölzernen Täfelchen Schrift geschrieben; und hier untersuchet er zwey Verse des Homerus, wo der Dichter saget, daß Bellerophon mit solchen eingeschnittenen Täfelchen, an statt des Briefes, von dessen Vater an den König in Lycien abgeschickt worden, deren Inhalt war, daß dieser den Ueberbringer ermorden sollte.

Philo-

1) p. [illegible]
2) p. [illegible]
3) p. XXX.
4) p. [illegible]

Πέμπε δέ μιν Λυκίηνδε. πόρεν δ' ὅ γε σήματα λυγρά,
Γράψας ἐν πίνακι πτυκτῷ θυμοφθόρα πολλά.
Sed misit ipsum in Lyciam, deditque ei literas perniciosas,
Scriptis in tabella complicata animae-corruptoribus multis.

Il. ζ. v. 168.

Hier nimmt er sich die Freyheit, den ganzen Vers für eingeschoben zu erklären, da zumal, wenn derselbe weggelassen wird, der Sinn des Dichters nichts leidet. Denn λυγρὰ und θυμοφθόρα πολλὰ, sagt er, bedeuten eben dasselbe, und sind eine Tautologie, und πίναξ πτυκτὸς giebt einen falschen Begriff, weil eine hölzerne Tafel nicht kann gefaltet werden. Er vergleicht sich mit dem Burmann, welcher durch Handschriften verschiedene Verse des Virgilius für unächt erkläret hat. Er selbst thut eben dieses mit verschiedenen andern Stellen des Homerus: eine von denselben ist, wo vom Paris gesagt wird, daß er verdiene, gesteinigt zu werden *); und sein Grund ist, weil Dio Chrysostomus Orat: XI. περὶ τοῦ Ἰλίου μὴ ἁλῶναι, wo er diese ganze Rede des Hectors wider den Paris anbringt, gedachte zween Verse ausläßt. In der Odyssee X' will er zehen ganze Verse von 30 bis 300, ohne Gnade ausgestrichen wissen, weil dieselbe ihm dem Dichter nicht würdig scheinen. In dem folgenden Buche μ' scheinen ihm die Verse nach dem acht und sechzigsten, welche eine Erzählung von dem Schiffe Argo enthalten, verdächtig, weil Hesiodus von diesem Schiffe keine Meldung thut; und daraus schliesset er, daß diese Fabel neuer als beyde Dichter sey. Er kann auch zween Verse im letzten Buche der Ilias 29 und 30, wo das Urtheil des Paris angezeiget wird, nicht leiden.

Er kehret hierauf in den Zusätzen *) zu der andern Stelle des Homerus zurück, und bemerkt aus vielen Stellen des Dichters, daß γράφειν und ἐπιγράφειν von demselben niemals vom schreiben, sondern vom aufritzen, stechen und verwunden gebraucht werden. Dieses zu

*) Il. γ' v. 56.

*) p. LV.

seyn war, wie er behauptet, das Täfelchen, welches Bellerophon zu überbringen hatte, nicht beschrieben, sondern es hatte Zeichen eingeschnitten, die dem Ueberbringer unbekannt waren, von beyden Königen aber als Freunden verstanden wurden. Auf Täfelchen zu schreiben war also bey den alten Griechen, wie er sich zu behaupten erkühnet, nicht gebräuchlich, wohl aber unter den Persern; und hier verbessert er c), und ich muß gestehen, nicht unglücklich, eine Stelle des Aelianus d)), wo derselbe von der Beschäfftigung der Könige in Persien auf ihren Reisen redet. Es ist dieselbe, so wie sie bisher gelesen und verstanden worden, diesen Königen schimpflich gewesen. Denn dieser Scribent sagt, daß diese Herren auf der Reise keine andere Beschäfftigung gehabt, als mit einem Messerchen ein Täfelchen von Lindenholz zu schnitzen, damit sie sich der langen Weile erwehren möchten, und daß sie überhaupt nichts ernsthaftes lesen, noch etwas wichtiges denken können. Ich muß gestehen, da man im Lesung der Alten nicht Zeit genug hat, die uns anstößigen Dinge, sonderlich wenn sie nicht zu unserm Vorhaben gehören, gründlich zu untersuchen, daß mir diese Stelle, wo ich mir keinen Fehler im Texte einfallen ließ, viel Bedenken gemacht hat, da man nothwendig ganz anders von diesen Königen in Persien, deren Geschichte uns bekannt ist, denken muß. Herr Wasserbeck giebt durch eine geringe Veränderung in den letzten Worten dieser Stelle, und durch den Zusatz eines einzigen Wortes, derselben einen ganz andern und wichtigern Verstand. Er liest ἢ εἰ γενναῖόν τι καὶ λόγου ἄξιον βουλεύοιντο, γράφῃ — es führeten nämlich die Könige von Persien kein Buch bey sich, sondern sie machten sich selbst im Wagen ihre Täfelchen, damit sie etwas ernsthaftes (ich verstehe andern) von ihren eigenen Gedanken verfaßten, oder etwas außerordentliches und merkwürdiges denken möchten.

Er giebt auch zu den Zeiten zu, daß Wachstafeln zum Schreiben unter den Römern und Griechen in späteren Zeiten der Kayser üblich gewesen,

c) p. 69. d) Var. hist. L. 14. c. 12.

machen, weil er eine Stelle in den Acten des zweyten Nicänischen Concilii 1) gefunden, welche man ihm hätte einwenden können. In dem Werke selbst aber bemerket er doch hier zu schreiben von den ältesten Zeiten der Römer 2), und führet aus dem Livius das Bündniß zwischen den Römern und Albanern an, zur Zeit der Horatier und Curiatier, welches auf Wachstafeln verzeichnet worden.

Die mehresten Bemühungen dieses Gelehrten und vornehmlich seine Abhandlung des Pultes der Dichter, hat die Begierde, etwas neues und unerwartetes zu sagen, zum Grunde; andere verleitet zugleich auf eben diese Übereyle der Mangel der Bücher zum schreiben, welcher in einigen Ländern, wie in einigen Theilen des Welschlandes, groß ist; und da geschrieben seyn muß, (welches in Deutschland und jenseit der Alpen zur Achtung nöthiger als in Italien geworden ist) so wirft man sich aus Verzweiflung oft auf leere speculative Grillen, oder man sucht sich eine Herrschaft an den Denkmalen der Alten zu verewigen. Von dieser Art ist der gelehrte Rucharten mit seinen Beschreibungen des Cestmachens und anderer alten Dichter. Ich selbst aber könnte mich hier einer unzeitigen Ausschweifung schuldig machen, die einigermaßen in einem Sendschreiben zu rechtfertigen ist; ich kehre derowegen wiederum zum Ufer.

Eine der nützlichsten Betrachtungen über die Herculanischen Schriften ist zum dritten die Art und Weise der Schrift zu beschreiben, und diese ist vorher kenntlich, und hernach mit wenigem ausführlich zu untersuchen.

Hier finde ich ein Versehen zu erinnern, daß Herr Martorelli, welcher an dem Orte selbst ist, und die besten Nachrichten hätte haben können, wider die Wahrheit redet, wenn er vorgiebt 3), daß sich außer den Griechischen und Lateinischen Schriften auch andere in einer unbekannten Schrift, und wie er in dem Register redet 4), vielleicht gar in Hetrurischer Sprache finden. Dieses ist falsch; diejenigen, welche aufgewickelt sind,

1) Act. 2. Conc. Nic. II. tom. 8. p. 870. Ed. V. oder Venet.
2) p. 146.
3) l. c. p. 60.
4) p. X.

sind, und andere, welche ich gesehen und betrachtet habe, sind alle griechisch. Der gelehrte Mazzocchi selbst glaubte in einer kleinen Schrift, mit welcher man einen lächerlichen Versuch machte, wie ich im letzten Stücke sage, Oscische Schrift zu finden: denn da, wie man leicht glaubt, was man wünschet, und dieser Mann ein Gewebe von Pelasgischen und fremden Herleitungen der Wörter im Gehirne gesponnen hat, so wollte er zu Oscischer Sprache machen, was unkenntlich gemacht war. Die Osker waren die ältesten Völker in Campanien. Ferner ist der Leser vorher zu belehren, daß alle Herculanische Schriften nur auf einer Seite geschrieben sind; kein einziges ist ὀπισθόγραφον, auf der andern Seite geschrieben, welches vermuthlich nicht geschehe auf einfachem Papiere, wie dieses ist. Es ist auch das beschriebene auf der innern Seite der Schriften, und eben dieses machet schwer, die alte Schrift zu erkennen, ehe man anfängt, dieselben aufzuwickeln; diejenige Schrift, welche auf beyden Seiten war, muß also auf doppeltem oder gefüttertem Papiere gewesen seyn.

Alle diese Schriften sind in Columnen geschrieben; eine jede derselben ist etwa vier gute Finger breit, so viel nämlich ein sechsfüßiger griechischer Vers Raum erfordert, und eine Columne enthält in einigen Schriften vierzig, in andern vier und zwanzig Zeilen. Zwischen den Columnen ist ein Finger breit Raum, und es scheinet, daß dieselben mit rothen Linien, wie in vielen Büchern des ersten Drucks geschehen, eingefasset gewesen: denn es sind die Linien weniger merklich, welches eine Wirkung des Feuers in dem Mennige oder im Zinnober seyn wird. Eingedruckte Linien aber, wie auf Pergament, um gerade zu schreiben, siehet man hier nicht, und vermuthlich, da das einfache Papier schwer durchsichtig gewesen zu seyn, hat man sich eines untergelegten linirten Blattes bedienet.

Bis itzo sind etwa vier von diesen Schriften völlig aufgewickelt, und es hat sich besonders gewiesen, daß dieselben alle vier von einem und eben dem Verfasser seyn. Er heißt Philodemus, und war von Gadara in Syrien, von der Secte des Epicurus: Cicero¹) zu dessen Zeit er lebte,

1) De Fin. L. 2. c. 35.

lebete, und Hermachus*), gedenken desselben. Es ist bekannt, daß die erste Schrift eine Abhandlung wider die Musik ist, worinn der Verfasser zeigen will, daß dieselbe den Sitten und dem Staate schädlich sey. Das zweyte, welches aufgewickelt wurde, war das zweyte Buch von einer Rhetorik desselben, und wie mir versichert worden von jemanden, welcher diese Schrift nach und nach beym Aufwickeln untersuchen können, so war des Philodemus vornehmste Absicht, den Einfluß zu zeigen, welchen die Beredsamkeit in Verwaltung des Staats habe; er soll in derselben die Politica des Epicurus und des Hermachus anführen. Die dritte Schrift, welche zum Aufwickeln angefangen wurde, ist das erste Buch gedachter Redekunst, und die vierte Schrift handelt von Tugenden und Lastern.

Die erste Schrift hat vierzig Columnen, und ist dreyzehen Palme lang; die zweyte hat siebenzig Columnen; die dritte wird etwa zwölf Palme lang seyn, und die vierte dreyßig Palme: ich gebe dieses nur aus dem Gedächtniß an, weil es nicht leicht ist, diese aufgewickelten Schriften mit Muße zu sehen. Nur die erste ist in einem Schranke des Musei aufgehänget, wo sie in fünf Stücke geschnitten, an jedes von acht Columnen, auf Papier geleimet, und in Rahmen gefasset ist.

Ich habe oben gesagt, daß das äußere Blatt und Umschlag nach mehrere, und mit demselben folglich auch die Inschrift verloren gegangen ist: wenn dieselbe am Ende der Schriften nicht wiederholet wäre, würde uns der eigentliche Inhalt und der Verfasser unbekannt geblieben seyn. Es hat aber eine jede Schrift ihren Titel und Verfasser zum Beschluß der Schrift gesetzt, und die von Tugenden und Lastern handelt, hat es zweymal unter einander in kleiner und größerer Schrift. Unter der ersten Schrift stehet:

ΦΙΛΟΔΗΜΟΥ
ΠΕΡΙ ΜΟΥϹΙΚΗϹ

Unter

*) Lib. I. Fin. c. ult.

Unter der zweyten von der Rhetorik:

ΦΙΛΟΔΗΜΟΥ

ΠΕΡΙ ΡΗΤΟΡΙΚΗΣ

Β.

Das B bedeutet das zweyte Buch. Unter dem vierten stehet:

ΦΙΛΟΔΗΜΟΥ

ΠΕΡΙ ΚΑΚΙΩΝ ΚΑΙ ΤΩΝ

ΑΝΑΚΕΙΜΕΝΩΝ ΑΡΕΤΩΝ

In der dritten Schrift fand ich vor fünf Jahren, da ein mäßiges breites Stück aufgewickelt war, eine Schrift des Metrodorus von Buchstaben angeführet in folgender Zeile:

ΜΕΤΡΟΔΩΡΟΥ ΤΟΥ ΕΝ ΤΩΙ ΠΡΩΤΩΙ ΠΕΡΙ ΓΡΑΜΜΑΤΩΝ

Die Buchstaben sind alle Versal- oder Quadratlettern, und die Worte sind weder durch Puncte noch durch Commata von einander abgesondert; es ist auch der Bruch der Worte am Ende einer Zeile nicht angezeiget, und überhaupt ist kein Zeichen, noch anders, dem Verstande zu helfen, als wo ein Comma zu ersehen ist. Die griechischen Unterscheidungszeichen wurden späterer eingeführet, da die Kenntniß der griechischen Sprache fiel. Es finden sich aber über einige Worte andere und bisher unbekannte Zeichen, von welchen ich nachher reden werde. In der Größe kann ich die Buchstaben angezeigter Schriften mit denen in den schönen Ausgaben etlicher griechischen Scribenten des [illegible] vergleichen; und diejenigen, welche die berühmte älteste Handschrift der siebenzig Dolmetscher in der Vaticanischen Bibliothek zu sehen Gelegenheit haben, können sich auch einen deutlichen Begriff von der Form und Größe jener Buchstaben machen: die in der Schrift von Tugenden und Lastern sind größer. Es war aber damals schon die Cursivschrift im Gebrauche, wie der zusammengeschriebene Name des [illegible] zeiget.

Die

Die Form der Buchstaben ist verschieden von dem Begriffe der Schrift zu diesen Zeiten: denn die Buchstaben mit hervorspringenden Strichen, als am λ, sind von denen, welche die Schriften der alten Griechen untersuchet haben, in spätere Zeiten gesetzet, und Montfaucon *) sagt kurz und ohne Ausnahme, daß so geformte griechische Buchstaben von spätern Zeiten seyn; diese Art sich auszudrücken ist bekannt, und er will damit die letztern Zeiten der Römischen Kayser anzeigen. Es sind alle alte Tabellen von dem verschiedenen Alter griechischer Buchstaben, die bisher an das Licht getreten sind, fehlerhaft, und nicht kann sonderlich aus Münzen dargethan werden. Das Omega z. E. gebührendes es in Quadrat-Lettern, setzet Montfaucon in die Zeiten des Domitianus, und es befindet sich dennoch ein paar hundert Jahre zuvor auf Münzen Syrischer Könige, und in eben der Quadrat-Form findet es sich in der Inschrift auf dem Rande der großen Vase von Erz im Campidoglio, welche Mithridates Eupator, der letzte berühmte König von seinem Stamme in Pontus, an ein von ihm gestiftetes Gymnasium geschenket hatte. Es kann aber die Unrichtigkeit in dieser Art Zeitrechnung zu sehr irrigen Begriffen verleiten, wie an dem wunderbar schönen Sturze eines Hercules im Belvedere, oder dem sogenannten Torso des Michael Angelo, geschehen seyn würde, wenn man sich Mühe geben wollen, über das Alter desselben zu denken, und dasselbe aus der Inschrift des Namens des Künstlers an demselben zu bestimmen gesucht hätte: es schreibt sich derselbe ΑΠΟΛΛΩΝΙΟΣ. Wenn man die Tafeln des Omega an, so spät, als man geglaubet hat, in Gebrauch gekommen, so würde dieser Sturz gemacht seyn zu den Zeiten, da man schwerlich ein solches Werk hätte hervor bringen können, und unsere Begriffe von der Kunst dieser Zeiten würden sehr unrichtig seyn. Die besondere Form zeiget sich in einigen Buchstaben, als α, λ, [illegible]; das Sigma ist allezeit rund. Diese angezeigten Buchstaben sind häufiger auf Griechischen Inschriften des zweyten und folgenden Jahrhunderts der Kayser, als vor dieser Zeit, und zuweilen bringet ein Stück noch der ehemaligen gesetzten Richtung hervor, wie auf einer irdenen Lampe **) ΔΙΟΚΛΗΤ.

*) [illegible] Palaeogr. Graec. [illegible]

**) Passeri Lucern. [illegible]

Wi-

Abbreviaturen oder abgekürzte Worte finden sich hier, wie in allen andern Griechischen Handschriften mit großer Schrift, gar nicht, so wie die ältesten Handschriften in Cursiv-Schrift auf Pergament wenige oder gar keine haben, und die häufigen Abkürzungen sind nur ein Kennzeichen späterer Zeiten, und haben sonderlich in griechischen Handschriften vom vierzehenten Jahrhunderte verwirrende Züge. Einige Abkürzungen aber trugen zur schönen Form der griechischen Cursiv-Schrift bey, und geben derselben eine Rundung, eine Freyheit und Verbindung.

Ueber einigen Buchstaben stehen Puncte und Querstriche, welche wir Accente nennen; ingleichen siehet man im zweyten Buche der Redekunst über einige Worte andere und in kleinerer Schrift gesetzt, in folgenden zwo Zeilen eine kleine Schrift und auf deren zehenten Seite stehet man eins und das andere:

ΔΙΑΦΕΡΟΝ [illegible]

ΠΟΕΙΑΣΠΟΛΛΑΣΚΟΥΚΟΥΝ ΑΠΟ....

—ΤΕΤΗΙΡΗΤΟΡΙΚΗΙ ΚΑΙ ΔΥΝΑΜΕΙ

Von den drey Puncten über ΚΑΙ finde ich nichts auch nur entfernt zu muthmaßen; ΟΥΚΟΥΝ aber hat offenbar seinen Accent. Die älteste griechische Inschrift, welche die Accente hat[1]), ist vielleicht von späterer Zeit. Wir wissen aber, daß dieselben in früheren Zeiten im Gebrauche gewesen, da so gar die Grammatiker[2]) gewisse Sylben mit denselben bezeichneten. Unter den Griechen schreibt man einem Aristophanes von Byzantium, welcher im zweyhundertsten Jahre vor Christi Geburt lebete, die Erfindung derselben zu. Es hat auch der Vers[3]) des Euripides:

εἷς ὁ σοφὸν βούλευμα τὰς πολλὰς χεῖρας νικᾷ

welcher an der Mauer eines Eckhauses einer Strasse zu Herculano stand, die zum Theater führete, seine Accente, wie sie gewöhnlich und hier gesetzet sind. Bey den Römern war eine Art von Accenten in ihren besten Zeiten gebräuchlich, und die Inschriften vom Augustus bis auf den

Nero

1) Palaeogr. Graec. p. [illegible]

2) Observat. Diss. [illegible] p. [illegible] auf Tomo 2. della Diss. dell' Acad. di Cort.

3) Pitt. Ercol. T. 2. p. 26

Nero[1]) unterscheiden sich durch dieselbe; und bloß aus diesem Grunde halte ich folgende [illegible] an einem gemahlten Inschrift, welche keine Anzeige von Jahren hat, aus dieser Zeit.

CELER. PRIMI. AVG. LIB. LIBERTVS.
ET GEMINIAE . SYNTYCHE CON
IVGI. ET. FLAVIO. CELERIANO. ET. ME
LENE. CELERINAE. FILIIS. POSTERIS .
QVE. SVIS. FECIT

Es hat also ein Gelehrter[2]), welcher behauptet, daß die alten Inschriften alle ohne Accente sind, nicht recht gesehen. Das übergeschriebene Wort in diesen zwo Zeilen nebst gewissen Buchstaben, die über einander stehen, sind merkwürdig, in Erklärung derselben will ich mich nicht einlassen: so viel siehet man, daß es Änderungen und Verbesserungen sind, wie unter andern das [illegible] über das [illegible], welches in SYNTYCHE ausgelassen worden. Man will aus dieser Veränderung schließen, daß dieses zweyte Buch der Redekunst der eigenhändige Entwurf des Philodemus sey, welches nicht sehr wahrscheinlich ist, und dieses würde zu muthmaßen veranlassen, daß das Landhaus, in welchem diese Schriften gefunden sind, vielleicht gar diesem Philosophen eigen gewesen. Dieses aber ließe befürchten, nichts als Philodemische Schriften zu entdecken, da ein bloßer Zufall ohne Wahl die uns ersten Stücke von seiner Feder ergraben lassen.

So viel von dem Äußerlichen der Schrift: das Materialische derselben sind Dinte und Feder. Die Dinte der Alten war nicht so flüssig, wie die unsrige, und war nicht aus Vitriol gemacht. Dieses kann erstlich aus der Farbe der Buchstaben geurtheilet werden, welche schwärzer noch, als die gleichsam in Kohlen verwandelten Schriften sind, wodurch das Lesen derselben sehr erleichtert wird. Denn wenn es Vitriolische Dinte wäre, würde dieselbe die Farbe, zumal im Feuer, geändert haben, und gelb geworden seyn, wie es die Dinte in allen alten Handschriften auf Pergament ist. Ferner würde eine solche Dinte die zarten Häute

1) Fabret. Inscr. p. [illegible]
2) Basnage Pref. à l'Hist. des Juifs, p. 13.

das Papier zerfressen haben, wie sie es in Handschriften auf Häuten gemacht hat: denn in dem ältesten Virgilio und Terentio der Vaticanischen Bibliothek sind die Buchstaben verloschen in dem Pergamente, und einige sind durchlöchert durch die fressende Schärfe des Vitriols.

Daß die Dinte der Herculanischen Schriften nicht flüßig gewesen, zeiget die Erhobenheit der Buchstaben, welche sich entdecket, wenn man ein Blatt horizontal gehalten an das Licht besiehet; es sind dieselben alle von dem Papiere erhoben: folglich war dieselbe mehr der Tusche als der unsrigen Dinte ähnlich, und eine Art von Farbe. Dieses erhellet auch aus einer Stelle des Demosthenes *), wo derselbe dem Aeschines vorwirft, daß er aus Armuth in seiner Jugend sich gebrauchen lassen, die Schule auszukehren, die Bänke in derselben mit einem Schwamme abzuwaschen und Dinte zu reiben: [τὸ μέλαν τρίβων] es wurde also die Dinte wie Farbe zubereitet, und kann also nicht flüßig gewesen seyn. Eben dieses zeiget auch die Dinte, welche sich in einem im Herculano entdeckten Dintenfasse befindet, die wie ein dickes Oel ist, und noch itzo zum Schreiben brauchbar wäre.

Es wollte ein Gelehrter zu Neapel muthmaßen, daß die Dinte der Alten vielleicht der schwarze Saft des bekannten Fisches Sepia gewesen sey, welcher Fisch daher itzo auch Calamaro heiße. Dieser Saft heißt bey den Griechen θολός, und Hesychius erkläret es μέλαν τῆς σηπίας „das Schwarze der Sepia“, und dienet dem Fische zu Vertheidigung wider andere größere Fische, welche ihn verfolgen: es läßt derselbe alsdenn den Saft aus der Blase von sich, wodurch das Wasser trübe und schwarz wird, und verhindert, daß die andern Fische nicht sehen können. Eben so war der Fuchs, wenn ihn die Hunde nachsetzen, sein Wasser läßt, welches durch den starken Geruch den Hunden die Fährte verwirret, und dem Fuchse Gelegenheit giebt, zu entkommen. Wir finden aber von dem Gebrauche dieses Saftes zum Schreiben keine Meldung.

Das Werkzeug zum schreiben war eine sogenannte Feder von Holz oder Rohr, wie unsere Schreibfedern geschnitten, und zwar mit einem etwas

*) Orat. [illegible]

etwas längern und mehr ausgeschnittenen Schnabel. Eine solche Feder aus Buxbaum, wie es scheinet, hat sich erhalten, aber ist verschlossen, und eine andere siehet man auf einem Gemälde ¹) an ein Dintefaß gelehnet: diese scheinet aus dem Ebenbaum, an derselben gezeichnet, aus Rohr zu seyn. Eine andere Feder hält eine weibliche Figur von gebrannter Erde ²) in der Hand, und hier und auf einem geschnittenen Steine des Stoschischen Musei siehet man, daß die Alten die Federn eben so wie wir geschnitten hatten. Der Schnabel muß ziemlich spitz gewesen seyn: denn die Buchstaben sind fein gezogen; da aber die Feder ohne Spalte war, konnte man den Buchstaben nicht so viel Licht und Schatten geben, als mit unsern Federn geschehen kann; es unterscheiden sich die Züge sehr wenig in der Stärke oder Dicke.

Die Zugabe dieses dritten Stücks mögen die Schreibgriffel seyn, oder die Tafeln mit Wachs überzogen, worauf man die ersten Entwürfe der Gedanken schrieb, um dieselben in dem Wachse geschwinder auszulöschen und zu ändern; und dieses geschahe durch ein Instrument, welches keilförmig ist und eine scharfe Spitze hat: man siehet es in diesem Musei wirklich und auch gemalt. Es befinden sich unter den Königlichen Alterthümern zu Dresden solche vergoldete Wachstafeln von ziemlicher Größe, und mit Riemen zusammengeschlagen, auf welchen man einige alte Züge zeigete; woher und wie dieselben dahin gekommen seyn, weiß ich nicht: ich habe sie aber schon vor meiner Reise nach Italien für das gehalten, was sie sind, nämlich für eine große Seltenheit, wie diejenigen seyn müssen, welche sich in der Bibliothek des Gymnasii zu Thorn in Polnisch Preussen befinden sollen, welches ich ehemals unter andern, vielleicht auch, in Hartmanns Conspectu reipubl. literar. gelesen habe. In den Herculanischen Entdeckungen haben sich verschiedene solche Tafeln gefunden, welche umher einen Rand von starken silbernen Bleche haben, das Holz aber ist zu Kohlen geworden: es lagen dieselben im vergangenen Winter noch in der Verwahrkammer des Musei. Diese Stücke wurden gefunden, nachdem Herr Martorelli sein Werk bereits geendiget hatte: denn diese hätten ihn überzeugen sollen, daß die Wachstafeln viel eher als in den spätern Zeiten der

¹) Pitt. Ercol. T. 3. p. 45. ²) [illegible] p. 145.

Griechen und Römer, wie er in den Zusätzen seines Werks gedachter maßen vorgiebt, am Gebrauche gewesen. Aber da er wider den Augenschein einen Scepticus machen will, welches keiner von der alten Seite gethan hat, so fehlen es ihm keine Gründe.

Was endlich zum vornen die Aufwickelung dieser alten Schriften betrifft, so wurden, zu derselben zu gelangen, anfänglich verschiedene Versuche gemacht; ja auch welcher, da eine gewisse Zeit auf dem eigenen Wege, welchen ich beschreiben werde, gearbeitet war, glaubte man, ein geschickteres Mittel zu finden, und der Einfall war folgender. Herr Mazocchi ließ eine große Rolle Schrift unter eine gläserne Glocke legen, in der Meynung durch die Hitze die Feuchtigkeiten, welche sich etwa in derselben verhalten könnten, auszuziehen, wodurch die Blätter sich von selbst auseinander lösen sollten. Dieser Versuch aber mislung: denn die Hitze der Sonne zog die Feuchtigkeit heraus, aber zugleich die Dinte mit, und die Schrift wurde theils verwirret, theils gänzlich verschwunden, und diese Buchstaben sahe man für Griechische Schrift an.

Endlich wurde ein Vorschlag, welcher aus Rom dem Hofe vorgelegt wurde, gut und sicher gefunden, und man ließ den Erfinder unter einem monatlichen Gehalte von zwanzig Ducati Regnicoli, nebst freyer Wohnung und Verpflegung des nöthigen Handgeräths, aus Rom nach Portici kommen. Dieser ist P. Antonio Piaggi, ein Genueser, von dem Orden Piarum Scholarum, ein Mann von großem Talente, welcher die Stelle eines Scrittore latino und Aufsehers der Manuscriptensachen in der Vaticanischen Bibliothek unter dem gewöhnlichen Gehalte der Scrittori, von funfzehen Scudi monatlich, versahe. Ueber die Gemälde wurde er wegen seiner Geschicklichkeit im Zeichnen und auch in dieser Art Malerey gesetzet, und es hat es nicht leicht jemand höher, als derselbe, gebracht in Nachahmung aller Art Schriften. Man zeiget in der Vaticana ein Blatt verschiedener Schriften in allerley Sprachen von dessen Hand, unter welchen die erste Seite eines kleinen Arabischen Gebetbüchleins ist, die von dem ursprünglich alt und prächtig geschriebenen Originale daselbst nicht kann unterschieden werden: von dieser Art Schrift desselben siehet man auch ein Blatt

in

in der Königinn Zimmer auf dem Schlosse zu Portici. Dieser Mann übernahm also die so beschwerliche, peinliche und langweilige Arbeit, an welcher er noch fortfähret, nebst einem Schüler, welcher sechs Ducati monatlich hat, und ein jeder von ihnen arbeitet an einer besondern Rolle Schrift.

Das Gestell von Holz zu dieser Arbeit gleichet in einiger Entfernung, und bey dem ersten Anblicke einer Buchbinder Presse, in welcher ein Buch zum heften mit dessen Rücken aufgehänget ist. Es ruhet auf einem Fuße mit einer ausgestochenen gewundenen Schraube, um jenes auf dieser nach Belieben zur Bequemlichkeit drehen zu können. Auf diesem Schafte des Gestells bewegt sich ein längliches Bret, auf welchem von jeder schmalen Seite desselben sich zwey runde Stäbe mit gewundenen Schrauben erheben, um ein oberes Bret vermittelst derselben, hinauf und herunter zu treiben. In der Mitten des untern Brettes sind in der Länge der Schrauben, das ist, bey nahe einen Palm von einander entfernet, und von eben der Höhe, zwo kleine stählerne Stangen mit Schraubengewinde senkrecht befestiget, welche oben ein stählernes Blech, in Gestalt eines halben Mondes beweglich haben, in deren Höhlung die Rolle Schrift geleget wird; und diese Bleche sind zu mehrerer Vorsicht mit Baumwolle bewunden; diese Stäbe können unter dem Brete höher und niedriger geschraubet werden. Außer dem schwebet die Schrift in zwey Bändern eines kleinen Fingers breit, die an dem obern Brete, welches verschiedene lange offene Einschnitte hat, ein jedes an zween Wirbeln, wie die an Violinen sind, hindurch, durch diese Einschnitte oben befestiget sind, und vermittelst der Wirbel angezogen und nachgelassen werden können, damit die Schrift, die in denselben hänget, nach allen Seiten, ohne dieselbe zu berühren, sanft gewendet und gedrehet werde. Auf die Zwischenfelder der Einschnitte dieses obern Brettes sind noch andere kleinere Wirbel, seidene Faden zu drehen, deren Gebrauch ich so gleich anzeigen werde.

Wenn nun eine Rolle Schrift zum Aufwickeln aufgehänget ist, und das äußerste Ende gefunden worden, fängt man an, einen kleinen Fleck einer Erbse groß mit einem gewissen Leime durch einen feinen Pinsel zu bestreichen, welcher die Eigenschaft hat, bald zu trocknen und abzuspringen, und

zugleich

zugleich kleben macht. Zu gleicher Zeit wird an den bestrichenen Fleckchen der unbeschriebenen äußern Seite des Papyrus (denn diese Seite ist, wie oben gesagt worden, leer, und die Schrift einwärts) ein Stückchen von einer dünnen Blase in der Größe der bestrichenen Stelle, oder auch mehrere kleinere, geklebet, welches hilft das bestrichene Fleckchen Papyr von dem nächsten Blatte, so weit es bestrichen ist, loszuziehen. Diese Blasen sind von Schweinen oder auch Schafen, welche insgemein die Goldschläger gebrauchen, und werden hier, so dünne sie immer seyn mögen, zu Fütterung dieses Papyrus von neuem in ihrer Dicke getheilet und von einander gerissen, und alsdenn zum Gebrauche in ganz kleine Stückchen zerschnitten. Auf diese Art fähret man fort, zu bestreichen und zu kleben, und wenn dieses der Länge der Schrift nach, etwa einen kleinen Finger breit, geschehen ist, so werden an verschiedenen Orten mit einfachen seidenen Fäden an der gefütterten Seite angeklebet, und diese vermittelst der Wirbel, einer nach dem andern, ganz gemach und sanft angezogen, wodurch sich der gefütterte Streifen Papyr von der Rolle vollends ablöset, und durch diese Fäden in die Höhe gehalten wird. Diese Fäden halten das abgelösete Papyr beständig senkrecht, und wenn endlich so viel von der Schrift abgelöset worden, daß es nöthig ist, demselben mehrere Haltung, als durch Fäden geschehen kann, zu geben, so wird das abgelösete durch einen der langen Einschnitte des obern Bretts gezogen, und nach und nach, wie die Arbeit zunimmt, um einen runden beweglichen Stock oder Walze, die zu oberst des Gestelles liegt, herum geleget, auf Lagen von Baumwolle, so daß wenn die Schrift völlig aufgewickelt worden, dieselbe sich um diese Walze herum geleget befindet. Es bleiben indessen die seidenen Fäden allezeit nöthig; denn sie dienen allezeit, den kürzlich gefütterten Theil von dem nächsten Blatte absondern zu helfen. Von der Walze wird hernach die Schrift behutsam abgewickelt, ausgebreitet und abgeschnitten. In vier bis fünf Stunden Arbeit kann nicht mehr als ein Finger breit längst der Rolle Papyr gefüttert und abgelöset werden, und zu einer Spanne breit wird ein ganzer Monat erfordert. Dieses ist kürzlich, und so viel ohne Abbildung des Werkzeugs geschehen kann, der ganze Proceß des Verfahrens.

Es sind endlichen auch die Schwierigkeiten bey dieser Arbeit zu deutlichern Begriffe von derselben anzuzeigen, welche insgemein nicht in der Natur des Papiers, sondern an dessen enger Beschaffenheit. An sehr vielen Orten siehet dasselbe gegen das Licht besehen, wegen zerrissener Lumpen aus, und dieses rühret von der Feuchtigkeit her, vornehmlich von bewegten Wassergüssen, welche in Ueberschwemmung dieser Stadt durch die Flüsse dieselbe zu gleicher Zeit überschwemmeten. Dieses Wasser ist in die Schriften hinein gedrungen, und hat sich darinnen verhalten, und mit der Zeit die Blätter mürbe gemacht und zerfressen. Dieser Schade äussert sich auch vor der Aufwickelung; denn man konnte kaum Schriften finden, die weniger gelitten. Die Blätter sind dermassen dünne, daß, wo in einem eine Lücke ist, das folgende, welches unter demselben liegt, mit einem oder etlichen Blättern ausgenommen scheinet, und die Lücke gleichsam verdrücket. Daher geschiehet es, daß, wenn der Leim angestrichen wird, wo die Lücke ist (da dieselbe selten sichtbar wird) von dem untergelegten Blatte so viel als bestrichen ist, losgerissen wird, und in der Lücke des obern hangen bleibt. Hierdurch wird also nothwendig eine Verwirrung, und das andere Blatt bekommt, da wo es vorhero ganz gewesen, eine Lücke oder Loch. Eben so gefährlich ist die Arbeit an den Fugen der aufeinander geleimten Stücke Papier: denn wenn diese Fuge durch das Aufdrücken des Leims aufgelöset wird, so kann es leichtlich geschehen, daß der Leim durch die Fuge hindurch dringet bis an das folgende Blatt, und ein Stück von demselben an das obere, woran gearbeitet wird, anklebet, und dasselbe auf diesem Blatte losmacht. Man siehet aus diesem Berichte, daß es nicht allein schwer ist, geschwinde zu gehen, sondern daß auch nicht viel zu hoffen sey; ungeachtet kann der Nutzen aus Schriften, wie die angezeigten sind, wenn sie auch nicht zerstümmelt und zerfressen wären, nicht groß seyn: denn wir haben mehr als eine Bibliothek von den Alten, und die vom Aristoteles Poetik und Kunst aller kennen; an Büchern der Moral, und von Tugenden und Lastern fehlet es auch nicht; und auch hier haben die Schriften des Epikurus den Vorzug vor allen.

Man erhoffte Geschichtschreiber zu finden, wie die verlohrnen Bücher des Diodorus, die Geschichte des Theopompus und des Ephorus, und anderer Schriften, als des Aristoteles Beurtheilung der Dramatischen Dichter, die verlohrnen Tragödien des Sophocles und des Euripides, die Comödien des Menanders und des Alexis, die Commentarii des Pamphilus für die Mahler, und einige Werke von der Baukunst: an einer sprachmeisterischen und zerstümmelten Klage wider die Musik ist uns nicht viel gelegen. Man hätte daher gewünscht, daß an statt die entwickelten zu erklären, da man den gemeinen Inhalt derselben gesehen, nur der Anfang allein von vielen Schriften aufgewickelt und untersuchet worden wäre, bis man einige von wichtigern Inhalte gefunden hätte, und an diesen die Arbeit fortzusetzen, andere aber, die man ganz unversehrt, liegen zu lassen.

Die große und lange Erwartung der gelehrten Welt auf diese Schriften einiger maßen zu erfüllen, hatte der P. Antonio Piaggi den Vorschlag gethan, das Entwickelte nach und nach mit Schriftzügen in Kupfer zu ätzen und bekannt zu machen, damit sich die Sprachkundigen an Erklärung dieser Schriften machen könnten. Er hatte auch eine Columne der ersten Schrift selbst zur Probe geätzt, und seinen Obern vorgelegt; es wurde aber dieser Weg nicht beliebet, sondern den Gliedern der Königlichen Academie, die sich hierzu tüchtig finden, solches vorbehalten bleiben: so viel ich indessen habe erforschen können, ist weiter an Bekanntmachung derselben nicht gedacht. Gedachter Geistliche führet fort, ohnerachtet er sein Gnadengeld verlohren, was er aufgewickelt hat, nachzumalen, und von dessen Abschrift wird es nachher ins Reine geschrieben.

Ich beschließe dieses Sendschreiben mit einer kurzen Anzeige von der Einrichtung des Herculanischen Musei zu Portici. Es ist dasselbe aus Mangel des Raumes, und wegen der großen Menge von allerhand Art Entdeckungen getheilet, so daß die Gemählde in besondern Zimmern stehen, die mit dem eigentlichen Museo keine Gemeinschaft haben: dieses aber ist angeleget in dem ersten Geschoße eines Anhangs am Königlichen Schlosse, welcher einen viereckigten Hof einschließet. Diese Zimmer sind alle gewölbet, und anfänglich waren nur vier derselben bestimmt, nebst zwey Vorrathskammern: itzo aber sind alle Zimmer des ersten Geschoßes dieses Gebäudes auf drey Seiten um den Hof herum, welches siebenzehen sind, dazu eingeräumet.

Der

Der Eingang ist gegen Morgen und mit einer Wache besetzt; beym Eintritt zur Linken ist ein Zimmer des [illegible], welcher ein großes eisernes Gitter und andere Stücke von Erz, erhöhet, um in den innern Hof zu kommen. Hier fällt das Pferd von Metalle zu erst in die Augen, welches gegen Abend gewendet ist, und an dieser Seite so wohl als zur rechten Hand stehen Statuen von Marmor, und zwischen denselben und an der linken Seite stehen alte Einfassungen von Brunnen, Wasser Säulen, und verschiedene Werke von gebrannter Erde, als Urnen, Cornischen von gemalten [illegible] u. s. f. An eben dieser linken Seite und auch über dem Eingange sind alte Inschriften eingemauert. In diesem Hofe waren auch die beyden Statuen von Marmor, von dem Geschlechte des Herodes Atticus und der Regilla mit der bekannten Inschrift, welche aus dem Pallaste Farnese zu Rom sind hieher gebracht worden; aber man findet hier keinen Platz, dieselbe ganze Säule aufzurichten.

Ueber dem Eingange zu dem Museo selbst stehen folgende zween Verse in einem Steine mit Buchstaben von Erzt, von dem gelehrten Mazocchi gesetzt:

HERCVLEAE EXVVIAE VRBIS TRAXERE VESEVI EX
PAVCENTS VNA VRBS REGIA VIS POTVIT.

Ein witziger Neapolitaner sagte, man merke, daß der Verfasser dieses Distichon auf dem Nachtstuhle gemacht habe, und man stelle sich ihn so deutlich mit Geberden einer schweren Verrichtung vor, wie sie sich im Alter, nach dem Sinnspruche, in dem Gesichte des Verfassers (nonnos) bildeten. Es verursachen diese Verse daher auch andern ein Lächeln, und das EX welches Wechselweisung des vorhergehenden Worts ist dieselbe, bleiben zwischen den Zähnen hängen; das geschickte Ganze schmeckt nach der Schulweisheit. Am verdrießlichsten läßt der Dichter wegen des EX an dem Ende des Hexameters aufhören, welche mit EX anfangen. Es gefiel diese Inschrift einer Person, welcher man auch in Dingen, die sie nicht verstand, durchaus nicht widersprechen durfte, und da dieselbe mit diesem entschiedenen Urtheile dem Staats Secretair Herrn Marquis Tanucci gezeiget wurde, zog er die Achseln, antwortete aber mit eben der Freyheit, mit welcher er einen Vers machet, folgende Inschrift:

Herculeae monumenta urbis quae reddita luci
Effossa Tito eruta, reddita sunt Carolo.

Der Eingang zum Museo selbst führet zu einer Wendeltreppe, die dessen Orte nicht sehr gemäß ist, und über dieselbe stehet eine andere etwas leidlichere Inschrift von dem Dichter der vorigen:

CAROLVS REX VTRIVSQVE SICILIAE PIVS FELIX AVGVSTVS
STVDIO ANTIQVITATVM INCENSVS QVIDQVID VETERIS [illegible]
EX EFFOSSIS HERCVLANENSIVM POMPEIANORVM STABIENSIVM
CONTRAHENS TOT ANNIS [illegible] [illegible] [illegible]
IN HANC [illegible] [illegible] [illegible] [illegible] [illegible] [illegible]
VETVSTATIS AMATORIBVS LIBENTER ANNO CIↃ IↃCCLVIII

Auf der Treppe stehen die sechs ausgegrabenen weiblichen Statuen von Erzt.

Das erste Zimmer enthält verschiedene Opfergefäße, und in der Mitten stehen zwo runde marmorne Tische, und auf denselben die zween schönen Dreyfüße, nebst einem runden Feuerherde von Erzt, ein Zimmer mit Kohlen zum Heizen oder zu anderm Gebrauche: es hängen auch daselbst die gemalten Musen nebst dem Apollo, welche in dem zweyten Bande der Herculanischen Gemälde gestochen sind. In dem zweyten Zimmer sind verschiedene Gefäße zu verschiedenem Gebrauche, und der Fußboden zu demselben ist das schöne Pavimente aus der Herculanischen Villa. In dem dritten und vierten Zimmer ist das übrige von kleinem Geräthe aufgestellet, und das letzte Zimmer ist zugleich der Ort, wo an Aufwickelung der alten Schriften gearbeitet wird. Das fünfte Zimmer enthält die Brustbilder von Erzt, welche auf niedrigen Schränken in dem Zimmer umher stehen, nebst den Schränken der alten Schriften, und der Fußboden in demselben ist ein altes Musaico von dreyßig Neapolitanischen Palmen in der Länge und von sechszehen in der Breite, und dieses ist zugleich das Maaß des Zimmers. In dem sechsten Zimmer stehen die alten Leuchter, und in einem zu demselben gehörigen Gewölbe nach Art einer Küche gebauet, stehen und hängen die alten Küchengeräthe. In dem siebenten Zimmer stehen Werke von Marmor, und unter andern drey viereckigte Gefäße, die rund ausgehöhlet sind, mit einem zierlich ausgearbeiteten Rande, welche zum Weihwasser in Tempeln dieneten: es stehet auch hier die Herculanische Diana. In dem achten Zimmer stehen die drey schö-

nen

ften Statuen von Erzt, der Silenus, der junge schlafende Satyr und der Mercurius, nebst den schönsten vier Gemälden, welche zu Stabia an der Mauer ausgehauen gefunden worden. Das neunte Zimmer wird mit großen erhabenen Arbeiten von Gyps und mit figurirten Stücken Mosaico, die sich erhalten haben, ausgezieret: unter den ersten ist eine heroische Figur, der sich auf einen runden Schild stützet, an dessen äußerem Rande ein Haken hänget, den Schild aufzuhängen, welches ich ungewöhnlich gefunden habe. In demselben Zimmer ist auch eine alte Mühle von [illegible], die man völlig hervorgezogen, angebracht; sie hält sechs Palmen und fünf Zolle in der Breite.

Die übrigen Zimmer sind noch nicht zu besondern Dingen bestimmet. In dem siebenten stehen einige erhobene Arbeiten in Marmor von schöner Arbeit: das eine stellet einen Satyr vor, welcher auf einem Esel mit einer Glocke am Halse reitet; auf einem Felsen stehet ein Herme eines Priapus, mit einem Horne des Ueberflusses, gegen welchen der Esel springet und sein Glied erhebet. Ein anderes in Herculano [illegible] her, zeiget eine halb nackte weibliche Figur auf einem [illegible] sitzend, welche auf der linken Hand eine Taube hält, und mit der rechten mit derselben spielet; vor ihr stehet eine bekleidete weibliche Figur, welche die linke Hand auf einem Herme des Priapus geleget hat, und mit der andern ihr Kleid gefaßet hält. Hinter jener Figur stehet ein bärtiger Indischer Bacchus auf einer runden Base, und hält eine Schaale in Gestalt einer Muschel, wie eine weibliche Figur auf der sogenannten Aldobrandinischen Hochzeit Wasser in eine solche Schaale gießt. Besonders merkwürdig ist Tantalus, welcher auf einem Steine sitzt, über welchem ein [illegible] gewachsen ist, und hält mit der rechten Hand die Schaale mit der [illegible] oder dem Gifte, welchen er zu trinken verdammet worden; über den linken hält er in der Quere einen langen Stab gelegt. Dieses Stück ist einen Palm und neun Zoll hoch oder breit, und wenig länger.

Neben dem ersten Zimmer sind zwo [illegible], ein [illegible] und eine Sammlung [illegible] Bücher für den [illegible]. Die vier ersten Zimmer haben die Aussicht in den Garten hinter dem Schlosse, und auf das ganz nahe Meer, wo sich die Spitze Pausilipo, die Insel Capri, Sorrento, und der ganze Meerbusen von Neapel zeiget: die letzten Zimmer über dem Porticus gehen auf die Straße.

Von den besten Statuen und Brustbildern hat man angefangen, Gyps-Abgüsse zu machen, welche nach Spanien geschickt worden, oder besser zu reden, die Formen zu denselben. Die großen Statuen von Erzt und andere in Marmor sind für die Gallerie bestimmet, die in demjenigen Theile des verfängen Schlosses angeleget wird, welches der vornehmsten Seite desselben gegenüber ist. Zu derselben sind zwey prächtige Säulen von Giallo antico, auch zwanzig von dem seltensten grünen Verde antico oder Laconico, alle aus einem einzigen Stücke, bestimmet, unter welchen sich vier befinden, die im Pallaste Farnese zu Rom waren; die andern sind anderwärts in Rom zusammen gebracht.

Zu Erklärung und Beschreibung aller dieser Entdeckungen ist von dem itzigen Könige von Spanien eine Academie gestiftet, welche vor fünf Jahren aus funfzehen Personen bestand, unter welchen der Canonicus Mazocchi einer der vornehmsten und ohne Widerspruch der gelehrteste ist. Diese Gelehrten versammlen sich wöchentlich einmal bey dem itzigen Staats-Secretair Hrn. Marchese Bernard Tanucci, aus Florenz, welcher selbst an den Untersuchungen dieser Academie viel Antheil hat und nimmt, wie mir dieser gelehrte Mann selbst gesagt hat. Denn da die Erklärungen zu dem ersten Bande ihm vorgeleget worden, fand er dieselben so weitläuftig und mit überflüßiger zusammen geschleppter Belesenheit überladen, daß er sich gezwungen sahe, selbst Hand anzulegen und mit dem Messer zu arbeiten, um das Unnöthige wegzuschneiden, und das Wesentliche enger zusammen zu bringen, und es ist dennoch wegzunehmen übrig geblieben.

Hochgebohrner Graf! aus diesem Sendschreiben, welches ich auf dem Lande und auf einem der prächtigsten Lusthäuser meines Herrn, und, ich kann sagen, Freundes, des Hrn. Cardinal Alexanders Albani, zu Castel Gandolfo, und folglich entfernt von Büchern, entworfen habe, kann mit der Zeit eine ausführlichere Abhandlung werden: denn ich werde suchen, diese Schätze von Zeit zu Zeit wiederum zu sehen, welches auch diesen Herbst vielleicht geschehen wird.

Dieser

Dieser Vorschlag, sollte derselbe in einer fremden und den Herren von Trevoux verständlichen Sprache erscheinen, wird denen Gelegenheit geben können zu dem Vorwurfe *), welchen mir dieselben über die Beschreibung der Stoschischen geschnittenen Steine gemacht haben. Dieser betrifft die ihnen unbekannten Bücher, welche ich angeführet habe; es wäre vielleicht auch hier geschehen, wenn ich auch in Rom und in meiner Bibliothek befunden hätte. Gedachte Herren, welche sich zu Richtern über alle Arten Schriften aufwerfen, können da, wo sie sind, nicht fähig seyn, über die von Alterthümern, sonderlich die in dem Orte derselben ausgearbeitet sind, zu urtheilen. In Schriften von derjenigen Mode-Art, wie man Pensées sind, haben keine angeführte Bücher Platz: aber wo man anderwärts bekannt gemachte, gut oder übel erklärte und erläuterte Denkmale und seine Meynung über dieselben anzuführen hat, ist dieses unvermeidlich. Man hätte vielleicht [illegible] sehen, daß dieses nicht der jetzigen Beschaffenheit nicht mit dem Stolz, [illegible] ist, und das Magere vorhanden war, ein großes Werk in Folio zu schreiben, wenn man sich nicht das Gesetz gemacht hätte, nichts mit zwey Worten zu sagen, was mit einem einzigen geschehen konnte. Hernach ist es ja nicht meine Schuld, daß die Herren Censores die Bücher, welche ein Antiquarius kennen muß, nicht haben noch kennen, eben so wenig als ich nicht Schuld habe, daß sie ihre geringe Belesenheit zu erkennen geben. Man warf mir auch die nach dem Deutschen schmeckende französische Schreibart vor, welchem Tadel ich gleichwohl in der Vorrede durch offene Bekenntniß meiner wenigen Uebung in derselben zuvor gekommen war. Die Arbeit mußte in einer fremden Sprache entworfen werden, und billig wurde die französische aus vielen Ursachen für die bequemste gehalten: ich entwarf aus dem gröbsten, und ließ durch einen Sprachkundigen ausbessern, und in dieser Ausbesserung machte ich von neuem Änderungen. Ich schäme mich nicht, zu bekennen, daß ich meiner eigenen Muttersprache nicht in ihrem völligen Umfange mächtig bin; und es hat mir hier an vielen Kunst- und Handwerks-Wörtern gefehlet, die ich leichter im Deutschen hätte geben können.

Colle

*) Mém. de Trévoux, l'an. [illegible] mois Sept. p. [illegible]

Sollte Ihnen, Hochgebohrner Graf, dieses Sendschreiben noch auf Ihren Reisen eingehändiget werden, so begleite ich es mit herzlichen Wünschen, daß die ewige Vorsicht Ihren Schritt auf allen Wegen richten möge, und Sie gesund und reich an Erfahrungen, auch [illegible] Freuden, in unser geliebtes Vaterland (welches auch das meinige durch den Aufenthalt und durch Wohlthaten geworden ist) mit Ihrem Patriotischen [illegible] zurück bringen möge, wo auch mein Fuß zu ruhen wünschet, und ich hoffe Antheil an der Zuneigung, deren Sie mich gewürdiget, zu behalten.